MIA'S BREAD
BASIC

2種類の生地で作る基本のパン作りとたくさんのアレンジ
毎日食べたくなる！ミアズブレッドのパンレシピ

森田三和

誠文堂新光社

パン作りをはじめたころ、わたしはイラストレーターを目指す芸大生でした。
夢中になって作っているとイメージが湧いてきたり、
焼きあがる香りでいい気分になったり、
パンを食べると目の前に広がる景色が見えたのを覚えています。

社会人になり、子供ができ、それでもずっと続けてきたパン作りは、
たくさんの人に出会うきっかけになり、お店までできました。

自分の好きを見つけたら、迷わず夢中になることがとても大切なような気がします。
それが頭から離れなくなって、ずっとそのことを考えているうちに
見えてくるものがあるのです。そう、体の一部になるような感じ。

好きを追いかけているうちに、サンドイッチ、スープ、空間へとどんどん広がって、
今では MIA'S BREAD はパンの名前ではなくわたしの世界観の代名詞になりました。

芸大時代、自分の作品には MIA'S DESIGN とサインをしていたので
パンには迷わず MIA'S BREAD とつけました。

今も、わたしは芸大生のまんまの頭で過ごしています。
だから、頭を打つことはいっぱいあります。
でも、辛いことがあるのは当たり前だと、いつも新しい紙を取り出して
イメージを膨らませています。まだ何かできる！　基準は自分だと。

この本で紹介しているのは、ミアズブレッドのレシピです。
トーストやサンドイッチ、料理と合わせるとよりおいしくなる食事系のパンを中心に
紹介しています。

パン作りは、自分の作りたいイメージや形を大切にして。
２種類のパン生地から作るミアズブレッドのレシピをヒントに
「楽しむ自分」に出逢えますように。
それは、きっとあなたの生きる楽しさにつながります。

MIA'S BREAD
森田三和

CONTENTS

2　ミアズブレッドのパン作り

6　パンを作りはじめる前に！　知っておきたいこと

1 ミアズブレッドのパンの作り方

10　イースト生地で基本のパン作り
　　［プチパン＆クッペ］

16　ホシノ天然酵母種を使った生地作り
　　［イギリスパン］

18　カマンベールチーズ入りの
　　イチジクのパン

20　モンキーブレッド（ジャガイモ入り）

22　モンキーブレッド（玄米入り）

24　ヨモギクッペ

26　トマトマフィン＆トマトクッペ

30　チョコレートマフィン

32　イングリッシュマフィン

34　ベリーベリーブルマンブレッド

36　シナモン、グラハム、
　　クルミレーズンのブルマンブレッド

37　キャロブ、キャラウェイのブルマンブレッド

38　ゴマのイギリスパン

40　クランベリーとチーズのブール

42　トウモロコシのブール

44　オートミールのブール

46　ピタパン

48　黒コショウとヒヨコ豆のフォカッチャ＆
　　バジルチーズのフォカッチャ

2 BREAD + SOUP + SALAD
いつもパンとスープ、
サラダがあるおいしい食卓

SOUP

- 52 万能チキンスープストック
- 54 オニオングラタンスープ
- 56 トマトとニンジンとパプリカの赤いスープ
- 58 スナップエンドウとトウモロコシの
  やまぶき色のスープ
- 60 カボチャとサツマイモのだいだい色のスープ
- 62 ジャガイモとカリフラワーの白いスープ
- 64 チキンのトマト煮
- 66 BREAD + DIP + SALAD + WINE
  パンと8種類のディップ、サラダで
  ワインピクニック
- 72 とんかつパンサラダ
- 74 卵入り雑穀トマトスープ

3 フライパンで
パンを焼く

- 80 フライパンでカレーパン
- 84 フライパンであんパン
- 86 フライパンでシナモンりんごマフィン
- 88 フライパンで肉まん
- 90 フライパンでトマトチーズパン

4 MIA'S SANDWITCH
食べ方の提案から
はじまったサンドイッチとトースト

- 94 ビーフハンバーガー
- 96 豆腐ハンバーガー
- 98 9種類のオープンサンド
- 102 バタートースト
- 104 ジャガイモとエンドウ豆のサブジー with
  ポーチ・ド・エッグのオープンサンド、
  エビとアボカド、トマトのサラダのオープンサンド、
  カリカリじゃこと松の実、水菜サラダのオープンサンド
- 106 厚揚げジンジャーサンドイッチ
- 108 ベリーベリーブルマンブレッドのチーズトースト
  with キノコのスープ
- 110 トマトのせヨモギクッペ、
  アボカドのせトマトクッペ
- 112 半熟卵とキノコソティのせトースト
- 114 SUNNYSIDE UP
- 116 薄焼き卵と長ひじきの炒め煮のサンドイッチ
- 118 BLTA サンド
- 120 きんぴらゴボウと
  ブロッコリーサラダのサンドイッチ
- 122 豆腐と木の芽サラダのマフィンサンドイッチ
- 124 キノコオムレツのサンドイッチ
- 125 フレッシュトマトのオムレツの
  トーストサンドイッチ

- 127 ミアズブレッドのパン

パンを作りはじめる前に！
知っておきたいこと

パンのメカニズム

小麦粉にはグルテニンとグリアジンという2種類のタンパク質が含まれています。パンを作るときに小麦粉と水とパン酵母をこねていくと、粉の中の2種類のタンパク質が水と一緒になり、粘りと弾力のある網目状の組織を作ります。これがグルテン。パン酵母が発酵できる温度を得たときにグルテンの中に炭酸ガスが発生して生地がふくらみ、弾力のある生地になるわけです。ミアズブレッドの基本のイースト生地には、強力粉に水、ドライイースト、砂糖、塩、トランスフリーショートニングが入っています。ほんの少しの砂糖と油脂が入っていることで、ひとまわり大きくなり日持ちもよくなります。また、固くなりすぎないのでサンドイッチ作りにも向いています。インスタントドライイーストはサフ社のものです。予備発酵がいらず、生地に直接混ぜられるので使いやすく、開封後も密封して冷凍庫で1年間保存できます。ホシノ天然酵母のパン種で作るパンは、独特の風味と食感があるパンが焼けるのが魅力。どのパンもホシノ天然酵母種で作ることができますが、種のでき具合で左右されるのでミアズブレッドでは自由に窯のびできるイギリスパンや天然酵母マフィンに使っています。また、このホシノ天然酵母の食感が好きなので自分用には、ブルマンブレッドや巻きパンを作ったりもします。

＊インスタントドライイーストで作るパンレシピは、ホシノ天然酵母種にも置き換えられます。1次発酵は6～8時間、ベンチタイムは15分、2次発酵はパンの種類によって40分から2時間が目安です。

パンを作るときの「1次発酵」は生地を育てる工程（発酵の目安は2ℓのタッパーで8分目）。ガス抜き（パンチ）は発酵中に生地を折りたたむ、上から押すなどして弾力を高める効果があります。ベンチタイムは成形しやすくするために生地を休ませる時間、そして本番前の準備「2次発酵」で成形した生地を窯入れ（オーブン）前に発酵させます。発酵に適した温度は28～30℃くらい。暑い時期は、こねる水の温度を低くしたり、置く場所をかえたり。寒い時期は、ストーブの近くや温かい場所に置いたりします。パン生地をタッパーに入れて発酵させると、湿度が保たれ、移動が楽なのでおすすめです。パンは乾燥が嫌いです。ベンチタイムや2次発酵のときなど、ぬれぶきんをかぶせる、生地が乾いていたら、霧吹きで水をかけるなど乾燥しないように気をつけてください。
本書ではMIA'S BREAD BASICとして基本のパン作りとミアズブレッドならではの様々なアレンジを紹介。同じ生地を使っても、形をかえることで食感がかわるのもパン作りの面白いところです。

＊インスタントドライイースト…予備発酵がいらず、直接生地に混ぜて使用できる。
＊ホシノ天然酵母パン種…市販の野生酵母種（粉末）
＊本書では、発酵用の容器として2ℓのフタ付きタッパーを使用しています。

材料のこと、材料の役割を知っておこう！

- 強力粉は、パン作りに向いている。原料は、タンパク質の含有量が多い硬質小麦。タンパク質量11.5％、弾力性と粘着性を持つ強いグルテンを形成する。
- 薄力粉は、お菓子作りに向いている。原料は、タンパク質の少ない軟質小麦。グルテンを形成する力が弱い。

水…パン酵母の働きを助け、グルテンの形成に必要。
砂糖…パンのふくらみに欠かせない酵母を助けます。生地ののびをよくして保湿作用によって生地の中の水分を保つのでしっとりとした焼き上がりに。
塩…グルテンを引き締めて生地に弾力とコシを与えます。
固形状の油脂…生地にバターやショートニング、マーガリン、ラードを練り込むことでグルテンの表面に膜を作り、それによって生地ののびがよくなりやわらかい仕上がりに。水分の蒸発もおさえ、生地の老化も防ぎます。

オーブンについて

オーブンはメーカーや機種によって焼き時間や焼き上がりがかわります。ご自分のオーブンの火のあたりや火のまわり加減といったオーブンのクセをつかんで好みの焼き上がりになるように工夫をしてください。

計量について

計量スプーンは大さじ1が15ml、小さじ1が5mlです。
計量カップは1カップが200mlです。

パン作りにおいて

丸める…生地を丸めると中にガスがたまりやすくなり、均等にふくらみます。
ガス抜き（パンチ）…ガスの気泡を細かく分けて生地中のガスを均等にちらします。
ベンチタイム…生地を休ませる時間。
クープ…生地の表面にナイフで入れる切れ目のこと。

道具について

パン作りで欠かせないのは、量り、計量スプーン、口の広い大きなボウル、分割するときに使うスケッパー、めん棒、生地がベタッとつかないキャンバス地（木綿の布地）もしくは、市販のパンシートやまな板。タッパー（2ℓのフタ付き容器）やビニール袋など、ふきん、オーブン、パン生地が乾いたときに水をかける霧吹き。

ミアズブレッドのパンの形について

プチパン　クッペ　ブール　ブルマン　イギリスパン　モンキーブレッド　マフィン　フォカッチャ

パン作りSTEP1〜5

STEP 1 パン作りがはじめての方はベーシック編P10〜17イーストとホシノ天然酵母種を使った基本のパン作りへどうぞ。

STEP 2 フライパンでパンを焼きたいという方はP78〜へどうぞ。

STEP 3 基本のパン作りでおいしい発酵具合を見つけられた方はP18〜。形と素材の組み合わせを見つける応用のパン作りへどうぞ。

STEP 4 パンと料理を楽しみたいという方はP50〜へどうぞ。

STEP 5 ミアズブレッドの人気サンドイッチやオープンサンド、トーストを作りたい方はP92〜へどうぞ。

ミアズブレッドの定番
自家製ドレッシングとタルタルソース

オリーブオイルドレッシング

オリーブオイル100ml、純リンゴ酢100ml、メープルシロップ小さじ1をビンの中に入れてふる。さらに塩小さじ1/4、黒コショウ少々を加えてふる。

太白ゴマ油ドレッシング

ゴマ油100ml、純米酢100ml、醬油小さじ1をビンの中に入れてふる。さらに塩・黒コショウ各少々を加えてふる。
＊ゴマ油は太白ゴマ油、酢は京都の千鳥酢を使用。

タルタルソース

マヨネーズ100g、ピクルスのみじん切り大さじ2を混ぜる。
＊冷蔵庫で約1週間保存可。

MIA'S BREAD

1

BASIC

ミアズブレッドのパンの作り方

ミアズブレッドのパンの作り方を
ベーシック編とアレンジ編に分けて紹介します。
P.10〜17では、2種類の生地から作る
ミアズブレッドのベーシックなパン作りを。
P.18〜49は、パンの形をかえたり、
素材の色や組み合わせといったアレンジで楽しむパン作りを。
素材の扱い方やアレンジの仕方など、
ちょっとしたコツを覚えれば、
パン生地と素材、形の組み合わせが自由に楽しめます。
パンをおいしくするための
ミアズブレッドの工夫がいっぱいです。
あなた色のパンを作ってください。

BASIC BREAD MAKING

BASIC 1

イースト生地で基本のパン作り[プチパンとクッペの作り方]

ドライイーストを使った基本のパン生地。
まずは、シンプルな生地で
おいしい発酵具合、焼き加減を感じてください。

基本のイースト生地作り
プチパンの作り方

材料 [プチパン10個分]

A｜強力粉（1回目）…150g
　　砂糖…大さじ1
　　ドライイースト…小さじ1
　　水…200ml

＊粉は2回分で総量300g

B｜強力粉（2回目）…150g
　　塩…小さじ3/4
　　ショートニング…10g

上新粉…適量

--- アドバイス ---

**パン生地を作るときの
水の温度と量について**
- 生地をこねるとき、水の温度が低すぎるとなかなか発酵が進みません。
- 夏は水道水でオーケー。
- 冬は35〜40℃のぬるま湯に。
- 水の量は、季節によってもかわる。夏は195ml、冬は205mlを目安にする。手ごねの場合は、水分が蒸発しやすいのでやや多めに。こね機の場合は、ほとんど水分が蒸発しないので少な目に。

発酵用の容器について
- パン生地を発酵させる際は、2ℓサイズのフタ付き容器がひとつあると便利。
- 容器に塗るオイルは、オリーブオイルや菜種油などお好みのものでよい。
- こね機を使用する場合は、すべての材料を入れて約10分こねる。

BASIC BREAD

基本のイースト生地作り

▶ 作り方 ◀

1

材料**A**を大きめのボウルに入れて手でまわす。なめらかになるまで混ぜる。水は回しかけるとよい

1に材料**B**を加える

2

ひとかたまりになるまで大きくボウルの中で手で回転させるように混ぜる

ベタベタしていたパン生地がだんだんひとつにまとまってくる

両手に体重をかけて押しつけるように10〜15分こねる

やわらかくなるスピードが落ちてきたと感じたら、ボウルに数回叩きつける（打ちつける）

3

こねるのに疲れたら、パン生地が乾かないようにフタ付きの容器に入れて5分くらい休んでもよい。その間にも少し発酵が進んでこねやすくなる

ダマがなくなってパン生地の表面がなめらかになり、弾力とツヤが出てきたらこねあがり。表面を張るようにして軽く丸める

4

オイル（分量外）をハケでタッパーに塗る。食用油なら何でもよい
＊ミアズブレッドでは、オリーブオイルをハケで塗っています

1次発酵前

1次発酵後。発酵の目安は、容器の8分目あたり。フタをして温かいところに置いて50分1次発酵させる

生地の端を指で押して穴が戻らなければ、基本のイースト生地のできあがり

BASIC BREAD 13

基本のイースト生地で作るプチパン

材料も作り方もとてもシンプル。
何度も作るうちに発酵のタイミングがわかるようになります。

> 作り方

5

ふくらんだら、パン生地を取り出して10等分にする

切り口を中に入れるようにして丸め、後ろもとじる。とじ目を下にしてパンマットに並べる

パンマットを折り返して生地にかぶせ、上に固くしぼったぬれぶきんをかけてベンチタイム10分をとる

6

上新粉をまぶして天板に並べる

よく切れるナイフで素早くクープを入れる

ひとまわり大きくなったら、パン生地を丸め直す

ぬれぶきんをかけて倍の大きさになるまで30〜40分2次発酵させる

7

ふっくらしたら、210℃に熱したオーブンで12分焼く

焼き上がったら、網の上に移して冷ます

基本のイースト生地で作るクッペ

材料はプチパン（P11）と同じ（クッペ6本分）。

> 作り方

1. 基本のイースト生地で（P10〜13）の作り方1〜4まで同様。パン生地を取り出して6等分にする。切り口を中に入れるようにして丸め、後ろもとじる。

2.

とじ目を下にしてパンマットに並べる

パンマットを折り返して生地にかぶせ、上に固くしぼったぬれぶきんをかける。ベンチタイム10分をとる

3.

めん棒で12×15cmほどに平たくのばす

向こう側から手前に向かって、くるくる巻いて棒状にする

台の上で転がして17cmほどの長さにし、とじ目をしっかりとじる

上新粉をまぶして天板に並べる

4.

よく切れるナイフで素早く斜めに3本クープを入れる

ぬれぶきんをかけて倍の大きさになるまで30〜40分2次発酵させる

5.

ふっくらしたら、210℃に熱したオーブンで13分焼く。焼き上がったら、網の上に移して冷ます

BASIC BREAD 15

BASIC 2 ホシノ天然酵母種を使った生地作り

朝食には欠かせないイギリスパン。時間があるときには、ゆっくりと発酵させて、ホシノ天然酵母種で作ってみましょう。独特の香りがクセになります。

まずは「種おこし」からはじめます

材料 ［作りやすい分量］

ホシノ天然酵母種…100g
温水（30℃）…200ml

道具

ガラスの保存ビン
（発酵がわかりやすいのでガラス瓶がおすすめ）
未使用の割り箸
ビニール袋
温度計

作り方

1. ガラスの保存ビンは、煮沸して水けをきれいにふく。温水を先に入れ、ホシノ天然酵母種を加える。未使用の割り箸でグルグルと混ぜる

2. フタをせずにビンごと清潔なビニール袋に入れる。24〜30℃の温かいところに、夏場は1日、冬場は3日ほど置く。とろりとなめらかになれば、できあがり

＊発酵が進み過ぎると渋みが出ることがあります。ミアズブレッドでは、酸味が出すぎないよう浅めの発酵具合で使っています。お好みの発酵具合を見つけてください。生種は、できてから冷蔵庫（4℃）で保管して1週間くらいを目安に使い切るのがベストです

ホシノ天然酵母種で作るイギリスパン

型にフタがないので、上に自由にのびるイギリスパンは、
じっくりと発酵を待ちましょう！

材料　[9×18.5cmのローフ型1台分]

強力粉…350g
ホシノ天然酵母種…大さじ1
砂糖…大さじ1
塩…小さじ3/4
水…210ml

アドバイス

生種の発酵について
温度と発酵時間の目安は、28℃、24時間が基準。冬場の冷え込み（5℃以下）がきついときは発酵不足、夏場（30℃以上）のときには過発酵に注意してください。温度を計る場合は、容器のまわりの温度ではなく、生種に温度計を差して計ります。また、保存ビンは必ず煮沸消毒をしてから使ってください。

作り方

1

基本のイースト生地作り（P10〜13）1〜4まで同様に。オイル（分量外）をハケでタッパーに塗る。フタをして、温かいところに置いて6〜8時間1次発酵させる

2

ひとまわり大きくなったら、パン生地を取り出して2等分にする。切り口を中に入れるようにして、後ろもとじる。とじ目を下にしてパンマットに並べる

パンマットを折り返してパン生地にかぶせ、上に固くしぼったぬれぶきんをかけてベンチタイム15分をとる

3

生地を台の上に出してめん棒で15×20cmほどに平たくのばす。向こう側と手前から3つ折りにする

生地の位置を90度かえて、もう1度のばす

向こう側から手前に向かってくるくると生地をいじめないように巻く

ローフ型にオイル（分量外）をハケで塗り、巻き終わりを下にして2つの山ができるように並べる

ぬれぶきんをかけて2時間2次発酵させる

4

ふっくらしたら、100℃に熱したオーブンで10分焼き、200℃に上げてさらに25分焼く。焼き上がったら、網の上に移して冷ます

＊発酵時間はあくまでも目安。季節や発酵させる環境によってもかわるので調整を忘れずに

BASIC BREAD

応用のパン

基本の2種類のパン生地でパンの形や素材の色の組み合わせができます。
パンの作り方やアレンジのコツの提案。がらりとパンの表情がかわります。

カマンベールチーズ入りのイチジクのパン

ドライイチジクを練りこんだ生地で
カマンベールチーズを包みこんだパン。

材料　[プチパン10個分]

A　強力粉 (1回目)…150g
　　砂糖…大さじ1
　　ドライイースト…小さじ1
　　水…200ml
　　＊粉は2回分で総量300g

B　強力粉 (2回目)…150g
　　塩…小さじ3/4
　　ショートニング…10g
　　ドライイチジク (1回目)…15g

ドライイチジク (2回目)…15g
カマンベールチーズ (8カットに)…1ホール分
上新粉…適量

> 作り方

1 材料Aを大きめのボウルに入れて手でまわす。なめらかになるまで混ぜる。

2 1に材料Bを加える。ひとかたまりになるまで大きくボウルの中で手で回転させるように混ぜる。ベタベタしていたパン生地がだんだんひとつにまとまってくる。両手に体重をかけて押しつけたり、ボウルに叩きつけたりして弾力とツヤが出てドライイチジク（1回目）がつぶれてなじむまで10〜15分こねる。

3 ムラやダマがなくなってパン生地の表面がなめらかになり、弾力とツヤが出てきたらこねあがり。軽く丸め、オイル（分量外）をハケで塗ったタッパーに入れる。フタをして温かいところに置いて50分1次発酵させる。発酵の目安は容器の8分目。

4 パン生地を取り出して10等分にする。手のひらの上にパン生地を広げて残りのドライイチジク（2回目）をのせる。切り口を中に入れるようにして丸め、後ろもとじる。とじ目を下にしてパンマットに並べる。パンマットを折り返してパン生地にかぶせ、上に固くしぼったぬれぶきんをかけてベンチタイム10分をとる。

5 ひとまわり大きくなったら、手のひらの上にパン生地を広げて中央にカマンベールチーズをのせる。パン生地の前後左右をしっかりととじ、チーズを包み込む。とじ目が下になるように丸める。
＊生地が乾燥していたら、霧吹きで水をかける。

6 上新粉をまぶして天板に並べる。よく切れるナイフで素早く十字にクープを入れる。ぬれぶきんをかけて倍の大きさになるまで30〜40分2次発酵させる。

7 ふっくらしたら、210℃に熱したオーブンで12分焼く。焼き上がったら、網の上に移して冷ます。

2 混ぜる

3 1次発酵前　　1次発酵後

4 分割　　丸める　　ベンチタイム後

5 チーズをのせる　　とじる

6 上新粉をまぶして、クープを入れる

ARRANGE BREAD

モンキーブレッド（ジャガイモ入り）

モチッとした食感のジャガイモ入りのプチパンにチーズオリーブソースをつけて
ケーキ型にどんどん入れて焼くだけ。パーティにピッタリなブレッド。みんなが集まるときに作りたい。

下準備

チーズオリーブソースを作る。
ボウルにオリーブオイル大さじ2、パルメザンチーズ大さじ2、グリーンオリーブの塩水漬け（種抜く）6個分のみじん切り、黒コショウ（粗挽き）を入れて混ぜる。

材料　[1個分]

A
- 強力粉（1回目）…150g
- 砂糖…大さじ1
- ドライイースト…小さじ1
- 水…180ml

＊粉の2回分で総量300g

B
- 強力粉（2回目）…150g
- 塩…小さじ3/4
- ショートニング…10g
- マッシュしたジャガイモ…100g

チーズオリーブソース…適量

イースト生地
＋
ジャガイモ
＋
チーズオリーブソース
＋
モンキーブレッド

>― 作り方 ―

1 基本のイースト生地作り（P10～13）1～4まで同様に。

2 パン生地を取り出して大小約25等分（1個20～30gが目安）にする。切り口を中に入れるようにして丸め、後ろもとじる。とじ目を下にしてパンマットに並べる。パンマットを折り返して生地にかぶせ、上に固くしぼったぬれぶきんをかけてベンチタイム10分をとる。ひとまわり大きくなったら、生地を丸め直す。

3 直径18cmのケーキ型にプチパンひとつひとつの底面にチーズオリーブソースをつけて2段に重ねて入れる。
　＊上の段は少な目にする

4 天板にケーキ型ごとのせ、ぬれぶきんをかけて倍の大きさになるまで30～40分2次発酵させる。

5 ふっくらしたら、200℃に熱したオーブンで30分焼く。焼き上がったら、網の上に移して冷ます。
　＊ケーキ型は底がはずせるタイプがベスト。型選びは自由。自分の好きな形を選んでください。

1 分割

2 ベンチタイム前

3 チーズオリーブソースをつけてケーキ型に2段に入れる

2次発酵前
4

2次発酵後

5 焼き上がり

ARRANGE BREAD　21

モンキーブレッド（玄米入り）

玄米のツブツブ感。ときどき甘いシナモンの香りがいいアクセント。
つい手がのびてしまう。やみつきになるパン。

下準備

バターメープルソースを作る。
ボウルに溶かしバター30g、メープルシロップ大さじ1.5、シナモンパウダー大さじ1を混ぜる。

材料 [1個分]

A 強力粉（1回目）…150g
　砂糖…大さじ1
　ドライイースト…小さじ1
　水…200ml
＊粉の2回分で総量300g

B 強力粉（2回目）…150g
　塩…小さじ3/4
　ショートニング…10g
　炊いた玄米…100g

バターメープルソース…適量

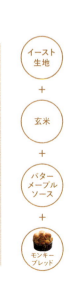

イースト生地 + 玄米 + バターメープルソース + モンキーブレッド

22　MIA'S BREAD BASIC

作り方

1 基本のイースト生地作り(P10〜13)1〜4まで同様に。

2 パン生地を取り出して約25等分(1個20〜30gが目安)にする。切り口を中に入れるようにして丸め、後ろもとじる。とじ目を下にしてパンマットに並べる。パンマットを折り返して生地にかぶせ、上に固くしぼったぬれぶきんをかけてベンチタイム10分をとる。ひとまわり大きくなったら、生地を丸め直す。

3 直径18cmのケーキ型にプチパンひとつひとつの底面にバターメープルソースをつけて2段に重ねて入れる。
＊上の段は少な目にする

4 天板にケーキ型ごとのせ、ぬれぶきんをかけて倍の大きさになるまで30〜40分2次発酵させる。

5 ふっくらしたら、190℃に熱したオーブンで30分焼く。焼き上がったら、網の上に移して冷ます。

 分割

丸める

バターメープルソースをつけてケーキ型に入れる

2段に重ねる

2次発酵後

ARRANGE BREAD

ヨモギクッペ

ヨモギの香りとほんのりとした苦味に、クルミのコクがほどよいバランス。
網焼きにして、オリーブオイルをつけて食べたくなる。

材料 ［クッペ6本分］

A 強力粉（1回目）…150g
　砂糖…大さじ1
　ドライイースト…小さじ1
　水…200ml
＊粉の2回分で総量300g

B 強力粉（2回目）…150g
　塩…小さじ3/4
　ショートニング…10g
　乾燥ヨモギ（大さじ1の水で戻す）…8g
　ヨモギパウダー…5g
　クルミ（ローストする）…60g

上新粉…適量

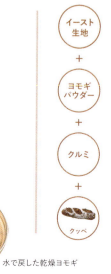

水で戻した乾燥ヨモギ

イースト生地
＋
ヨモギパウダー
＋
クルミ
＋
クッペ

> 作り方

1 基本のイースト生地作り（P10〜13）1〜4まで同様に。発酵の目安は容器の8分目。

2 パン生地を取り出して6等分にする。切り口を中に入れるようにして丸め、後ろもとじる。とじ目を下にしてパンマットに並べる。パンマットを折り返して生地にかぶせ、上に固くしぼったぬれぶきんをかけてベンチタイム10分をとる。

3 めん棒で12×15cmほどに平たくのばす。向こう側から手前に向かって、くるくる巻いて棒状にする。台の上で転がして17cmほどの長さに。とじ目をしっかりとじる。上新粉をまぶして天板に並べる。

4 よく切れるナイフで素早く斜めにクープを入れる。ぬれぶきんをかけて倍の大きさになるまで30〜40分2次発酵させる。

5 ふっくらしたら、200℃に熱したオーブンで15分焼く。焼き上がったら、網の上に移して冷ます。

1次発酵後

分割

丸める

ベンチタイム後

12〜15cmにのばす　　くるくる巻いて棒状にする

転がして、しっかりとじる

上新粉をまぶす

よく切れるナイフで素早く斜めに3本のクープを入れる

ARRANGE BREAD

トマトマフィン & トマトクッペ

太陽のようなトマトマフィンは、見ているだけで元気になります。
サンドイッチのフィリングを考えるのも楽しみに。
寒い時期になったら、トマトジュースは人肌に温めてから加える。

材料 [マフィン6個分]

A 強力粉（1回目）…150g
　砂糖…大さじ1
　ドライイースト…小さじ1
　トマトジュース…200ml
　水…10ml
　＊粉の2回分で総量300g

B 強力粉（2回目）…150g
　塩…小さじ3/4
　ショートニング…10g

シュレッドチーズ…適量
上新粉…適量

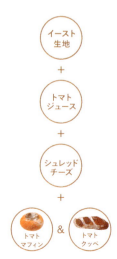

作り方

1 材料Aを大きめのボウルに入れて手でまわす。なめらかになるまで混ぜる。

2 1に材料Bを加える。ひとかたまりになるまで大きくボウルの中で手で回転させるように混ぜる。ベタベタしていた生地がだんだんひとつにまとまってくる。両手に体重をかけて押しつけたり、叩きつけたりして10～15分こねる。

3 ムラやダマがなくなってパン生地の表面がなめらかになり、弾力とツヤが出てきたらこねあがり。軽く丸め、オイル（分量外）をハケで塗ったタッパーに入れる。フタをして温かいところに置いて50分1次発酵させる。発酵の目安は容器の8分目。

4 パン生地を取り出して6等分にする。切り口を中に入れるようにして丸め、後ろもとじる。とじ目を下にしてパンマットに並べる。パンマットを折り返してパン生地にかぶせ、上に固くしぼったぬれぶきんをかけてベンチタイム10分をとる。

1 混ぜる

だんだんひとつにまとまってくる

3　1次発酵前　1次発酵後

分割

後ろもとじる

とじ目を下にパンマットに

ARRANGE BREAD　27

5 ひとまわり大きくなったら、手のひらの上にパン生地を広げてチーズをのせる。チーズをしっかりと押し込み、パン生地の前後左右をしっかりとじ、チーズを包み込む。とじ目が下になるように丸める。
＊生地が乾燥していたら、霧吹きで水をかける。

6 上新粉をまぶして天板に並べる。上から手で軽く押す。ぬれぶきんをかけて倍の大きさになるまで30〜40分2次発酵させる。

7 ふっくらしたら、焼き上がったときに高さが出ないように同じ大きさの天板を逆さにしてかぶせる。

8 200℃に熱したオーブンで15分ほど焼く。網の上に移して冷ます。
＊形をきれいに焼きたい場合はセルクルに入れて焼くとよい。

チーズをのせる

チーズを押し込む

丸める

上新粉

上から手で押す

応用 トマトクッペ

マフィン型をクッペ型にかえるだけで食感も味わいもかわる。
野菜をいっぱい挟んでドックサンドイッチにしてどうぞ！

材料 [クッペ6本分]

トマトマフィンの生地（P26）と同様
上新粉…適量

作り方

1 トマトマフィンの作り方（P26～27）1～4まで同様。パン生地を取り出して6等分にする

めん棒で12×15cmほどに平たくのばす

向こう側から手前に向かって、くるくる巻いて棒状にする

上新粉をまぶして天板に並べる。よく切れるナイフで素早く斜めに3本のクープを入れる

ぬれぶきんをかけて倍の大きさになるまで30～40分2次発酵させる

台の上で転がして17cmほどの長さに。とじ目をしっかりとじる

ふっくらしたら、200℃に熱したオーブンで15分焼く。焼き上がったら、網の上に移して冷ます

ARRANGE BREAD

チョコレートマフィン

チョコレートを2回に分けて入れることで、どこを食べてもチョコレートに出合う。
上新粉をつけて天板にのせたら、上から少し手で押すのがポイント。
生地が甘くないから大人の味。

材料 [マフィン6個分]

A
- 強力粉（1回目）…150g
- 砂糖…大さじ1
- ドライイースト…小さじ1
- 水…210ml

*粉の2回分で総量300g

B
- 強力粉（2回目）…150g
- 塩…小さじ3/4
- ショートニング…10g
- ココアパウダー…15g

クーベルチュール（製菓用チョコレート）…適量
上新粉…適量

イースト生地
+
ココアパウダー
+
クーベルチュール
+
マフィン

作り方

1 材料Aを大きめのボウルに入れて手でまわす。なめらかになるまで混ぜる。

2 1に材料Bを加える。ひとかたまりになるまで大きくボウルの中で手で回転させるように混ぜる。ベタベタしていた生地がだんだんひとつにまとまってくる。両手に体重をかけて押しつけたり、叩きつけたりして10～15分こねる。

3 ムラやダマがなくなってパン生地の表面がなめらかになり、弾力とツヤが出てきたらこねあがり。軽く丸め、オイル（分量外）をハケで塗ったタッパーに入れる。フタをして温かいところに置いて50分1次発酵させる。発酵の目安は容器の8分目。

4 パン生地を取り出して6等分にする。切り口を中に入れるようにして丸め、後ろもとじる。とじ目を下にしてパンマットに並べる。パンマットを折り返してパン生地にかぶせ、上に固くしぼったぬれぶきんをかけてベンチタイム10分をとる。

5 ひとまわり大きくなったら、手のひらの上にパン生地を広げて中央にクーベルチュール適量をのせる。パン生地の前後左右をしっかりとじ、クーベルチュールを包み込む。2回くりかえす。とじ目が下になるように丸める。
＊生地が乾燥していたら、霧吹きで水をかける。

6 上新粉をまぶして天板に並べる。上から軽く手で押す。ぬれぶきんをかけて倍の大きさになるまで30～40分2次発酵させる。

7 ふっくらしたら、焼き上がったときに高さが出ないように同じ大きさの天板を逆さにしてかぶせる。

8 200℃に熱したオーブンで15分ほど焼く。焼き上がったら、網の上に移して冷ます。

混ぜる

2 だんだんひとつにまとまってくる

3 1次発酵前

1次発酵後

4 分割

5 クーベルチュールをのせる

丸める

6 上から手で押す

ARRANGE BREAD

イングリッシュマフィン

イングリッシュマフィンは、水分多めのしっとりとした生地に
仕上げるのがおいしく作るポイント。
コーンミールの黄色が残るくらいに薄めに焼き上げる。

材料 ［マフィン6個分］

A 強力粉…330g
　ホシノ天然酵母種（P16）…大さじ1
　砂糖…大さじ1
　水…200ml
　塩…小さじ3/4

コーンミール…大さじ1
＊コーンミールはトウモロコシの粉。
　なければ、上新粉でかまいません。

ホシノ
天然酵母
生地
＋
マフィン

作り方

1. 基本のホシノ天然酵母生地作り（P16〜17）**1**と同様に。

2. ムラやダマがなくなってパン生地の表面がなめらかになり、弾力とツヤが出てきたらこねあがり。軽く丸め、オイル（分量外）をハケで塗ったタッパーに入れる。フタをして温かいところに置いて6〜8時間1次発酵させる。発酵の目安は容器の8分目。
   ＊生地の端を指で押して穴が戻らなければよい。

3. パン生地を取り出して6等分にする。切り口を中に入れるようにして丸め、後ろもとじる。とじ目を下にしてパンマットに並べる。パンマットを折り返してパン生地にかぶせ、上に固くしぼったぬれぶきんをかけてベンチタイム10分をとる。

4. ひとまわり大きくなったら、パン生地を丸め直し、表面にコーンミールをつける。天板に並べ、さらに上から手でパン生地を軽く押す。ぬれぶきんをかけて倍の大きさになるまで30〜40分2次発酵させる。
   ＊生地が乾燥していたら、霧吹きで水をかける。

5. ふっくらしたら、焼き上がったときに高さが出ないように同じ大きさの天板を逆さにしてかぶせる。

6. 200℃に熱したオーブンで13分焼く。焼き上がったら、網の上に移して冷ます。
   ＊イングリッシュマフィンは、セルクルに入れてきっちりと焼きますが、このやり方なら、気軽にできます。
   ＊イングリッシュマフィンを成形してから霧吹きするのは、コーンミールをつけやすくするため。

2 1次発酵後

4 コーンミールをつける

上から手で押す

5 同じ大きさの天板を逆さにしてかぶせる

ARRANGE BREAD   33

ベリーベリーブルマンブレッド

ドライベリーは、そのままでと、湯どおししてラム酒漬けにしたものを加えて生地に溶け込む分と残る分ができるようにして加えるのがポイント。味と色に深みが出る。ドライベリーがつぶれて生地になじむまでこねるとおいしい。

材料 [10×20cmフタ付きローフ型1台分]

A
- 強力粉（1回目）…200g
- 砂糖…大さじ1と1/2
- ドライイースト…小さじ1
- 水…275ml

＊粉の2回分で総量400g

B
- 強力粉（2回目）…200g
- 塩…小さじ1
- ショートニング…20g
- スキムミルク…20g
- ドライブルーベリー（湯どおししてラム酒漬け）…15g
- ドライブルーベリー（そのまま）…15g
  ＊ドライブルーベリーの総量は30g
- ドライクランベリー（湯どおししてラム酒漬け）…15g
- ドライクランベリー（そのまま）…15g
  ＊ドライクランベリーの総量は30g

イースト生地 ＋ スキムミルク ＋ ドライブルーベリー ＋ ドライクランベリー ＋ ブルマン

> 作り方

混ぜる

1. 基本のイースト生地作り（P10〜13）1〜4まで同様に。
   ＊P12工程1の材料Bのところでドライベリー（ブルーベリーとクランベリー）をすべて加えて一緒にこねること。

2. タッパーのフタにつくほどふくらんだら、両手で丸め直してガスを抜く。タッパーに生地を戻してフタをし、30分ほど発酵を続ける。

1次発酵前

1次発酵後

3. パン生地を取り出して3等分にする。切り口を中に入れるようにして丸め、後ろもとじる。とじ目を下にしてパンマットに並べる。パンマットを折り返して生地にかぶせ、上に固くしぼったぬれぶきんをかけてベンチタイム15分をとる。

4. パン生地を台の上に出してめん棒で15×20cmほどに平たくのばす。向こう側と手前から3つ折りにする。生地の位置を90度かえて、もう1度のばす。向こう側から手前に向かってくるくると巻く。ローフ型にオイル（分量外）をハケで塗り、巻き終わりを下にして山が3つできるように並べる。フタをして、フタのギリギリまで1〜2時間2次発酵させる。
   ＊発酵時間はあくまでも目安。季節や発酵させる環境などによってもかわるので調整を忘れずに。

15×20cmにのばす

5. ふっくらしたら、200℃に熱したオーブンで30分焼く。焼き上がったら、網の上に移して冷ます。

3つ折りに

位置を90度かえてくるくると巻く

巻き終わりを下に。山が3つ

2次発酵後

ARRANGE BREAD

シナモン、グラハム、クルミレーズンのプルマンブレッド

レーズンを何回かに分けて加えるのがポイント。
厚切りバタートーストにいかが！

イースト生地 ＋ グラハム ＋ スキムミルク ＋ シナモンパウダー ＋ クルミレーズン ＋ プルマン

2 レーズン（2回目）

3 レーズン（3回目）。3つ折り

材料　[10×20cmフタ付きローフ型1台分]

A
- 強力粉（1回目）…200g
- 砂糖…大さじ1と1/2
- ドライイースト…小さじ1
- 水…280ml

＊粉の2回分で総量400g

B
- 強力粉（2回目）…160g
- グラハム粉（粗びき）…40g
- 塩…小さじ1
- ショートニング…20g
- スキムミルク…20g
- シナモンパウダー…小さじ2
- クルミ…60g
- レーズン（こねあがり寸前）…35g（1回目）

＊グラハム粉は、強力粉に比べて発酵力が弱い。好みで割合をかえてもよい。

- レーズン（分割時）…35g（2回目）
- レーズン（成型時）…30g（3回目）

作り方

1 基本のイースト生地作り（P10〜13）1〜4まで同様に。タッパーのフタにつくほどふくらんだら、取り出して両手で生地を丸め直してガスを抜く。タッパーに生地を戻してフタをし、発酵30分を続ける。

2 パン生地を取り出して3等分にする。レーズン（2回目）をのせて切り口を中に入れるようにして丸め、後ろもとじる。とじ目を下にしてパンマットに並べる。パンマットを折り返して生地にかぶせ、上に固くしぼったぬれぶきんをかけてベンチタイム15分をとる。

3 パン生地を台の上に出してめん棒で15×20cmほどに平たくのばす。残りのレーズン（3回目）をのせ、向こう側と手前から3つ折りにする。生地の位置を90度かえて、もう1度のばす。向こう側から手前に向かってくるくると巻く。ローフ型にオイル（分量外）をハケで塗り、巻き終わりを下にして3つの山ができるように並べる。フタをして、ローフ型のフタのギリギリまで1〜2時間2次発酵させる。

＊発酵時間はあくまでも目安。季節や発酵させる環境によってもかわるので調整を忘れずに。

4 ふっくらしたら、200℃に熱したオーブンで30分ほどフタをしたまま焼く。焼き上がったら、網の上に移して冷ます。

キャロブ、キャラウェイのブルマンブレッド

キャラウェイのさわやかな香りとキャロブの風味。
素材の色との組み合わせを考えてサンドイッチに。

材料 [10×20cmフタ付きローフ型1台分]

A 強力粉（1回目）…200g
  砂糖…大さじ1と1/2
  ドライイースト…小さじ1
  水…285ml
  ＊粉の2回分で総量400g

B 強力粉（2回目）…200g
  塩…小さじ1
  ショートニング…20g
  スキムミルク…20g
  キャロブパウダー…15g
  キャラウェイシード…小さじ1

作り方

1 基本のイースト生地作り（P10～13）1～4まで同様に。基本のプチパン工程1の材料Bのところでキャロブパウダーとキャラウェイシードを加えて一緒にこねる。タッパーのフタにつくほどふくらんだら、取り出して両手で生地を丸め直してガスを抜く。タッパーに生地を戻してフタをし、発酵30分を続ける。

2 パン生地を取り出して3等分にする。切り口を中に入れるようにして丸め、後ろもとじる。とじ目を下にしてパンマットに並べる。パンマットを折り返して生地にかぶせ、上に固くしぼったぬれぶきんをかけてベンチタイム15分をとる。

3 パン生地を台の上に出してめん棒で15×20cmほどに平たくのばす。向こう側と手前から3つ折りにする。生地の位置を90度かえて、もう1度のばす。向こう側から手前に向かってくるくると巻く。ローフ型にオイル（分量外）をハケで塗り、巻き終わりを下にして山が3つできるように並べる。フタをして、ローフ型のフタのギリギリまで1～2時間2次発酵させる。

4 ふっくらしたら、200℃に熱したオーブンで30分ほどフタをしたまま焼く。焼き上がったら、網の上に移して冷ます。

ARRANGE BREAD

ゴマのイギリスパン

ゴマの香ばしさがやみつきになるイギリスパン。
2色のゴマを使うことで味と色が立体的に。

> 材料 ［10×20cmフタ付きローフ型1台分］

A 強力粉（1回目）…165g
　砂糖…大さじ1
　ドライイースト…小さじ1
　水…220ml

B 強力粉（2回目）…165g
　塩…小さじ4/5
　ショートニング…10g
　白ゴマ、黒ゴマ…各大さじ1

＊粉の2回分で総量330g

作り方

1 材料Aを大きめのボウルに入れて手でまわす。なめらかになるまで混ぜる。

2 1に材料Bを加える。ひとかたまりになるまで大きくボウルの中で手で回転させるように混ぜる。ベタベタしていたパン生地がだんだんひとつにまとまってくる。両手に体重をかけて押しつけたり、叩きつけたりして10〜15分こねる。

3 ムラやダマがなくなってパン生地の表面がなめらかになり、弾力とツヤが出てきたらこねあがり。表面を張らせるようにして軽く丸める。オイル(分量外)をハケで塗ったタッパーに入れる。フタをして温かいところに置いて50分1次発酵させる。発酵の目安は容器の8分目。ふくらんだら、両手でパン生地を丸め直してガスを抜く。タッパーに戻して発酵30分を続ける。

4 パン生地を取り出して2等分にする。切り口を中に入れるようにして丸め、後ろもとじる。とじ目を下にしてパンマットに並べる。パンマットを折り返してパン生地にかぶせ、上に固くしぼったぬれぶきんをかけてベンチタイム10分をとる。

5 ひとまわり大きくなったら、パン生地を台の上に出してめん棒で10×20cmほどの長さにのばす。向こう側と手前から3つ折りにする。生地の位置を90度かえて、もう1度のばす。向こう側から手前に向かってくるくると巻く。ロープ型にオイル(分量外)をハケで塗る。巻き終わりを下にして並べる。上からぬれぶきんをかけて50分2次発酵させる。

6 型から生地が3cmほど盛り上がってきたら、200℃に熱したオーブンで30分焼く。焼き上がったら、網の上に移して冷ます。

2 だんだんひとつにまとまってくる

3 1次発酵前

1次発酵後

5 2次発酵前

6 焼き上がり

ARRANGE BREAD

クランベリーとチーズのブール

甘酸っぱいクランベリーにチーズの塩気とコクが相性ぴったり。
サンドイッチにもおすすめのパン。

材料 [2個分]

A 強力粉(1回目)…180g
　砂糖…大さじ1
　ドライイースト…小さじ1
　水…240ml
　*粉の2回分総量360g

B 強力粉(2回目)…180g
　塩…小さじ1弱
　ショートニング…12g
　ドライクランベリー(湯どおししてラム酒漬け)…25g
　ドライクランベリー(そのまま)…25g
　*ドライクランベリー…総量で50g

シュレッドチーズ…適量
上新粉…少々

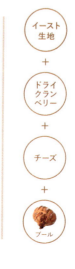

イースト生地
＋
ドライクランベリー
＋
チーズ
＋
ブール

作り方

1. 材料**A**を大きめのボウルに入れて手でまわす。なめらかになるまで混ぜる。

2. 1に材料**B**を加える。ひとかたまりになるまで大きくボウルの中で手で回転させるように混ぜる。ベタベタしていたパン生地がだんだんひとつにまとまってくる。両手に体重をかけて押しつけたり、叩きつけたりしてドライクランベリーがつぶれてなじむまで10〜15分こねる。

3. ムラやダマがなくなってパン生地の表面がなめらかになり弾力とツヤが出てきたらこねあがり。軽く丸め、オイル（分量外）をハケで塗ったタッパーに入れる。フタをして温かいところに置いて50分1次発酵させる。発酵の目安は容器の8分目。ふくらんだら、両手で生地を丸め直してガスを抜く。タッパーに戻して発酵30分を続ける。

4. パン生地を取り出して2等分にする。切り口を中に入れるようにして丸め、後ろもとじる。とじ目を下にしてパンマットに並べる。パンマットを折り返してパン生地にかぶせ、上に固くしぼったぬれぶきんをかけてベンチタイム10分をとる。

5. ひとまわり大きくなったら、手のひらの上にパン生地を広げて中央にシュレッドチーズをのせる。パン生地の前後左右をしっかりととじ、チーズを包み込む。とじ目が下になるように丸める。

6. 上新粉をまぶして天板に並べる。よく切れるナイフで素早く斜めに4本のクープを入れる。ぬれぶきんをかけて倍の大きさになるまで30〜40分2次発酵させる。

7. ふっくらしたら、200℃に熱したオーブンで25〜30分焼く。焼き上がったら、網の上に移して冷ます。

2 だんだんひとつにまとまってくる

3 1次発酵前　　1次発酵後

5 チーズを入れる　　丸める

6 上新粉をまぶす　　クープを入れる

7 2次発酵中

ARRANGE BREAD

トウモロコシのブール

トウモロコシのおいしい季節に
ぜひ生を使ってください。甘みとしっとりさがぜんぜん違います。

> 材料 [1個分]

A 強力粉（1回目）…180g
　砂糖…大さじ1
　ドライイースト…小さじ1
　水…220ml
　（トウモロコシの水分があるため少なめ）

＊粉の2回分総量360g

B 強力粉（2回目）…180g
　塩…小さじ1弱
　ショートニング…12g
　トウモロコシ（実をそぐ）…1本分

コーンミール…少々

作り方

1 だんだんひとつにまとまってくる

1 材料Aを大きめのボウルに入れて手でまわす。なめらかになるまで混ぜる。材料Bを加える。ひとかたまりになるまで大きくボウルの中で手で回転させるように混ぜる。ベタベタしていたパン生地がだんだんひとつにまとまってくる。両手に体重をかけて押しつけたり、叩きつけたりして10〜15分こねる。

2 ムラやダマがなくなってパン生地の表面がなめらかになり、弾力とツヤが出てきたらこねあがり。軽く丸め、オイル（分量外）をハケで塗ったタッパーに入れる。フタをして温かいところに置いて50分1次発酵させる。発酵の目安は容器の8分目。ふくらんだら、両手で生地を丸め直してガスを抜く。タッパーに戻して発酵30分を続ける。

2 1次発酵後

3 パン生地を取り出して2等分にする。切り口を中に入れるようにして丸め、後ろもとじる。とじ目を下にしてパンマットに並べる。パンマットを折り返してパン生地にかぶせ、上に固くしぼったぬれぶきんをかけてベンチタイム10分をとる。

4 ひとまわり大きくなったら、パン生地を丸め直す。コーンミールをまぶして天板に並べる。よく切れるナイフで素早く斜めに4本のクープを入れる。ぬれぶきんをかけて倍の大きさになるまで30〜40分2次発酵させる。

5 ふっくらしたら、200℃に熱したオーブンで25〜30分焼く。焼き上がったら、網の上に移して冷ます。

コーンミールをまぶす

2次発酵後

ARRANGE BREAD

オートミールのブール

オートミールが入ることで
懐かしい香り。バターとハチミツをつけてどうぞ。

材料 [1個分]

A 強力粉（1回目）…180g
　砂糖…大さじ1
　ドライイースト…小さじ1
　水…200ml
＊粉の2回分総量360g

B 強力粉（2回目）…180g
　塩…小さじ1弱
　ショートニング…12g
　オートミール（同量の水で10分戻す）…80g

　上新粉…少々

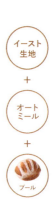

イースト
生地
＋
オート
ミール
＋
ブール

◇ 作り方 ◇

1 材料Aを大きめのボウルに入れて手でまわす。なめらかになるまで混ぜる。材料Bを加える。ひとかたまりになるまで大きくボウルの中で手で回転させるように混ぜる。ベタベタしていたパン生地がだんだんひとつにまとまってくる。両手に体重をかけて押しつけたり、叩きつけたりして10〜15分こねる。

2 ムラやダマがなくなってパン生地の表面がなめらかになり、弾力とツヤが出てきたらこねあがり。軽く丸め、オイル(分量外)をハケで塗ったタッパーに入れる。フタをして温かいところに置いて50分1次発酵させる。発酵の目安は容器の8分目。ふくらんだら、両手で生地を丸め直してガスを抜く。タッパーに戻して発酵30分を続ける。

3 パン生地を取り出して2等分にする。切り口を中に入れるようにして丸め、後ろもとじる。とじ目を下にしてパンマットに並べる。パンマットを折り返してパン生地にかぶせ、上に固くしぼったぬれぶきんをかけてベンチタイム10分をとる。

4 ひとまわり大きくなったら、パン生地を丸め直す。上新粉をまぶして天板に並べる。よく切れるナイフで素早く斜めに4本のクープを入れる。ぬれぶきんをかけて倍の大きさになるまで30〜40分2次発酵させる。

5 ふっくらしたら、200℃に熱したオーブンで25〜30分焼く。焼き上がったら、網の上に移して冷ます。

混ぜる

だんだんひとつにまとまってくる

1次発酵後

2次発酵後

ARRANGE BREAD

ピタパン

水分を少なく、高温で焼き上げると空洞ができてポケットブレッドになる。
手でざっくりとポケットを開いて好きな具材を詰めてサンドイッチに。
もしうまく開かなかったら、チーズをのせてピザ風にしたり、サラダをのせてどうぞ。

材料 [ピタパン7個分]

A
強力粉（1回目）…150g
砂糖…大さじ1
ドライイースト…小さじ1
水…180ml
＊粉の2回分で総量300g

B
強力粉（2回目）…150g
塩…小さじ3/4
ショートニング…20g

アドバイス

- その日に食べない場合は、ピタパンをつぶして空気を抜いてビニール袋に入れて空気を抜く。
- 冷凍する場合は、ビニール袋を2重にする。約1ヶ月は保存できる。

イースト生地 ＋  ピタパン

作り方

1. 基本のイースト生地作り（P10〜13）1〜4まで同様に。パン生地がきめこまかくなり、ツヤが出てくるまでこねること。
   *やや固めの生地に仕上げるとよい。

2. パン生地を取り出して7等分にする。丸め直してパンマットに並べる。ベンチタイム10分をとる。

3. 直接、オーブンの天板に生地を置き、めん棒で12〜13cmほどにのばす。上に固くしぼったぬれぶきんをかけて20分発酵させる。

4. ふっくらしたら、250℃に熱したオーブンで4分焼く。焼き上がったら、乾かないようにパンマットにくるんで冷ます。

1 12〜13cmほどにのばす

2 ぬれぶきんをかけて発酵させる

3

4 焼き上がり

ARRANGE BREAD

黒コショウとヒヨコ豆のフォカッチャ & バジルチーズのフォカッチャ

黒コショウの香りとヒヨコ豆の食感が楽しいフォカッチャ。
バジルチーズのフォカッチャは夏野菜に合わせて。どちらもサンドイッチに◎。

材料 [フォカッチャ6個分]

A 強力粉…150g(1回目)
　砂糖…大さじ1
　ドライイースト…小さじ1
　水…200ml
　＊粉の2回分で総量300g

B [黒コショウとヒヨコ豆]
　強力粉(2回目)…150g
　塩…小さじ3/4
　黒コショウ(粗挽き)…小さじ2
　オリーブオイル…小さじ2

　ヒヨコ豆(浸水して茹でる)…適量
　＊豆類は、茹でて汁と分け、小分けに
　　冷凍しておくと便利。

B [バジルチーズ]
　強力粉(2回目)…150g
　塩…小さじ3/4
　ドライバジル…小さじ1
　オリーブオイル…小さじ2

　シュレッドチーズ…適量

| 作り方 | 黒コショウとヒヨコ豆のフォカッチャ

2

1次発酵前

1次発酵後

1 基本のイースト生地作り(P10〜13)**1**〜**4**と同様に。

2 ムラやダマがなくなってパン生地の表面がなめらかになり、弾力とツヤが出てきたらこねあがり。軽く丸め、オイル(分量外)をハケで塗ったタッパーに入れる。フタをして温かいところに置いて50分1次発酵させる。発酵の目安は容器の8分目。

3

ヒヨコ豆をのせる

3 パン生地を取り出して6等分にする。手のひらの上にパン生地を広げてヒヨコ豆(適量)をのせる。パン生地の前後左右をしっかりととじ、ヒヨコ豆を包み込む。丸め、後ろもとじる。とじ目を下にしてパンマットに並べる。パンマットを折り返して生地にかぶせ、上に固くしぼったぬれぶきんをかけてベンチタイム10分をとる。

包み込む

4 ひとまわり大きくなったら、オーブンの天板に**3**を置き、めん棒で楕円にのばす。ヒヨコ豆(適量)を上にトッピングする。その上にぬれぶきんをかけて30分2次発酵させる。

5 ふっくらしたら、200℃のオーブンで10分焼く。

| 作り方 | バジルチーズのフォカッチャ

1

1次発酵前

1次発酵後

1 黒コショウとヒヨコ豆のフォカッチャの作り方**1**〜**3**と同じ。ヒヨコ豆のかわりにシュレッドチーズをのせ、パン生地の前後左右をしっかりとじ、包んで丸める。

2 ひとまわり大きくなったら、オーブンの天板に**1**を置き、めん棒で楕円にのばす。シュレッドチーズ(適量)を上にトッピングする。その上にぬれぶきんをかけて30分2次発酵させる。

2

チーズを入れる

チーズを包み込む

3 ふっくらしたら、200℃のオーブンで10分焼く。

ARRANGE BREAD

MIA'S BREAD

2

BASIC

BREAD + SOUP + SALAD
いつもパンとスープ、サラダがあるおいしい食卓

ミアズブレッドにとってパンとスープは最強の組み合わせ。

大好きなパンには、どんなときにもスープを合わせるのが決まりです。

まずは、どんなパンとスープ、サラダを合わせようか全体を想像してみる。

野菜を刻むのか、ちぎるのか、どの色をポイントにするのかを考えてみる。

生のおいしさ、煮込むおいしさを。

ひとつの献立を楽しむ要素がいっぱい。

スープ作りに役立つチキンスープストックを紹介しています。

これをひとつ作っておけば、いつでもパンとスープの組み合わせが楽しめます。

チキンスープストックをベースにいろんなアレンジも紹介します。

万能チキンスープストック

手に入りやすい鶏手羽元で作るチキンスープストック。
だしをとったあとの鶏肉は脂分が抜けて身離れもよいので
ほぐしてサラダにしたり、粉をまぶして強火でカラリと揚げてフライドチキンに。
タマネギを長ネギにかえてショウガを加えれば中華風スープも簡単に。

材料 [作りやすい分量]

- 鶏手羽元…1kg
- タマネギ（上下を落として皮を剥く）…1個
- ニンジン（ブツ切り）…1本
- 鷹の爪（乾燥）…2本
- フレッシュハーブ（ローズマリー、ローリエ、タイムなど）…各少々
- 黒コショウ（ホール）…大さじ1
- 水…14カップ ┐
- 日本酒…1カップ ├ 合わせて3ℓに
- 塩…小さじ2 ┘

作り方

1

塩以外のすべての材料を鍋に入れ、強火にかける

2

沸騰したら、ハーブ類を取り除く

3

弱火でアクをとりながら、2時間コトコト煮る

塩をする

そのまま冷ましてザルで濾す

4

完成。万能チキンスープストックは、残ったら小分けに冷凍しておけば、ベースとしてどんな料理にも使える

アドバイス

フライドチキン

残った鶏肉とニンジンは、片栗粉（分量外）をまぶしてオイル（分量外）で揚げる。揚げ上がりに少々の塩（分量外）をふれば、フライドチキンのできあがり。

BREAD+SOUP+SALAD

万能チキンスープストックをベースにすれば、
作りたいときにすぐに作れる。

チキンスープストック アレンジ1

オニオングラタンスープ

オニオングラタンスープは、ぜひマスターしたい定番スープ。混ぜすぎずに、焦げ目がつくまで放置してときどきかき混ぜるのがコツ。

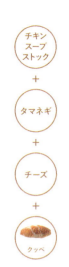

材料 [作りやすい分量]

バター…30g
ニンニク（みじん切り）…1かけ
タマネギ（繊維に沿ってスライスする）…2個
万能チキンスープストック（P52〜53）…3カップ
塩・黒コショウ…各少々
クッペの2cm厚のスライス（P15）…2本
ナチュラルチーズ…100g

作り方

1 鍋にバターを入れて弱火〜中火にかける。溶けてきたら、ニンニクを加えてひと混ぜし、さらにタマネギを加える。中火にしていい香りがしてきたら、ひと混ぜする。
*軽く焦げ目がついたら、混ぜる。

2 鍋の焦げ目を木ベラでこすりながら、ときどきかき混ぜながら炒める。タマネギ全体が薄く茶色くなってきたら、万能チキンスープストックを少しずつ煮立たせながら加える。
*全体が白っぽく一体化したら、また少し加える。4〜5回に分けて加える。

3 フタをして弱火で20分くらい煮る。塩・黒コショウで味を調える。

4 クッペを240℃のオーブンで3〜4分焼く。

5 耐熱対応の器を温める。7分目までスープを入れる。上に4を3〜4切れ並べ、ナチュラルチーズをのせる。250℃のオーブンでチーズが溶けるまで2〜3分焼く。黒コショウをふる。

煮る

チキンスープストック アレンジ2
トマトとニンジンとパプリカの
赤いスープ

夏に赤色をかけ合わせたスープ。赤の元気が体に入ってくる。

トマト、ニンジン、パプリカのスープ

材料［作りやすい分量］

ニンニク（みじん切り）…少々
タマネギ（スライスする）…1/2個
オリーブオイル…小さじ2
ニンジン（皮を剝いて輪切り）…1/2本
赤パプリカ（種をとってスライス）…1/2個
トマト（ヘタをとってザク切り）…4個
万能チキンスープストック（P52〜53）…200ml
塩・黒コショウ…各少々

作り方

1 鍋にオリーブオイルを熱し、ニンニクを入れていい香りが立ち上がってきたら、タマネギを加えてねっとりとするまで弱火〜中火で炒める。

2 ニンジン、赤パプリカ、トマトの順に加えて炒め、万能チキンスープストックを加える。フタをして材料がやわらかくなるまで煮る。煮えたら、火を止めてそのまま冷ます。

3 2をミキサーにかけて鍋に戻す。温めて塩・黒コショウで味を調えて器に盛る。生クリーム、ミニトマトの角切り（各分量外）をトッピングし、黒コショウをふる。

夏野菜のバジルチーズフォカッチャサンド

材料［マフィン6個分］

バジルチーズフォカッチャ（P48〜49）…2個
ナス…1本
ズッキーニ（1cm厚のスライスにし、水にさらして水けをきる）…1本
パプリカ（ヘタと種をとって直角に1cm厚のスライス）…1/2個
オリーブオイル…大さじ1
塩・黒コショウ…各少々
レタス（洗って水けをきる）…2枚
タルタルソース…小さじ2

作り方

1 フライパンにオリーブオイルを熱し、ナス、ズッキーニ、パプリカを重ならないように並べる。塩・黒コショウをし、両面をこんがり焼いてキッチンペーパーに取り出す。

2 フォカッチャを半分に切る。包丁で切り込みを入れてポケット状にし、タルタルソースをつける。レタスをしいて色どりよく1を詰める。

トマト、ニンジン、パプリカのスープ
＋
夏野菜のバジルチーズフォカッチャサンド

チキンスープストック アレンジ3
スナップエンドウとトウモロコシの やまぶき色のスープ

野菜の2つの色が合わさって、やまぶき色の自然な甘さのスープに。
絵の具を混ぜ合わせるように素材の色の組み合わせを楽しもう。

スナップエンドウとトウモロコシのスープ

材料 [作りやすい分量]

タマネギ（スライスする）…1/2個
オリーブオイル…小さじ2
トウモロコシ（実を包丁でそぐ）…1本
スナップエンドウ…300g
塩・黒コショウ…各少々
万能チキンスープストック（P52〜53）…200ml

作り方

1 鍋にオリーブオイルを熱し、タマネギをねっとりとするまで弱火〜中火で炒める。

2 トウモロコシ、スナップエンドウを順に加えて炒め、万能チキンスープストックを加えてフタをし、材料がやわらかくなるまで煮る。煮えたら、火を止めてそのまま冷ます。

3 2をミキサーにかけて鍋に戻す。温めて塩・黒コショウで味を調えて器に盛る。生クリーム、塩茹でしたスナップエンドウの千切り（各分量外）をトッピングし、黒コショウをふる。

ホワイトアスパラガスとカリフラワーの白いピッツア

材料 [2個分]

ヒヨコ豆と黒コショウのフォカッチャ（P48〜49）…2個
ホワイトアスパラガス（根元の固い部分をとる）…2〜3本
カリフラワー（小房に分ける）…1/4房
ナチュラルチーズ…適量
黒コショウ…少々

作り方

1 鍋に湯（分量外）を沸かし、カリフラワー、ホワイトアスパラガスの順に別々に塩茹でにする。そのまま冷ましてカリフラワーは食べやすく切る。ホワイトアスパラガスは斜め切りにする。

2 フォカッチャに1の半量ずつ、上にチーズをたっぷりとのせる。

3 220℃のオーブンで2をチーズが溶けるまで3〜4分焼く。黒コショウをふる。

BREAD + SOUP + SALAD

チキンスープストック アレンジ4

カボチャとサツマイモの
だいだい色のスープ

ホクホク同士の秋色のスープ。
プルーンを加えることで奥行きのある味わいに。
シャキシャキとした食感の水菜のサラダに合わせてみる。

カボチャとサツマイモのスープ

材料 [作りやすい分量]

タマネギ（スライスする）…1/2個
オリーブオイル…小さじ2
カボチャ（皮を剥いてザク切り）…1/4個
サツマイモ（皮を剥いてザク切り）…1/2個
万能チキンスープストック（P52〜53）…200ml
ドライプルーン…3個
塩・黒コショウ…各少々

作り方

1 鍋にオリーブオイルを熱し、タマネギをねっとりとするまで弱火〜中火で炒める。

2 カボチャとサツマイモを順に加えて炒め、万能チキンスープストックとドライプルーンを加えてフタをして、材料がやわらかくなるまで煮る。煮えたら、火を止めてそのまま冷ます。

3 2をミキサーにかけて鍋に戻す。温めて塩・黒コショウで味を調えて器に盛る。生クリーム、ローズマリー（ハサミで切る）各適量（各分量外）をトッピングし、黒コショウをふる。
＊カボチャは、皮ごと使ってもよいが色が緑っぽくなる。

カリカリ薄揚げと水菜のサラダ

材料 [作りやすい分量]

薄揚げ（薄く2cmの長さに切る）…1枚
オリーブオイル…小さじ1
塩・黒コショウ…各少々
水菜（洗って2cmの長さに切る）…1/2束
スナップエンドウ（筋をとって塩茹でし、斜めに千切り）…6本
タマネギ（スライスして水にさらし、水けをきる）…20g
オリーブオイルドレッシング（P6〜7）…小さじ2

作り方

1 フライパンにオリーブオイルを熱し、薄揚げをカリッと炒め、塩・黒コショウをする。

2 ボウルに1と水菜とスナップエンドウ、タマネギを入れ、オリーブオイルドレッシングで和える。

BREAD+SOUP+SALAD

チキンスープストック アレンジ5

ジャガイモとカリフラワーの白いスープ

まったりとしたおいしさがあとからやってくる真っ白なスープ。
同じ色の野菜って改めて合うんだーと感じさせる。
きんぴらゴボウと春菊の牛肉のサラダをパンに挟んで一緒にどうぞ。

ジャガイモとカリフラワーのスープ

材料 [作りやすい分量]

タマネギ（スライスする）…1/2個
オリーブオイル…小さじ2
ジャガイモ（皮を剥いてザク切り）…4個
カリフラワー（小房に分ける）…150g
万能チキンスープストック（P52～53）…200ml
塩・黒コショウ…各少々

作り方

1 鍋にオリーブオイルを熱し、タマネギをねっとりとするまで弱火～中火で炒める。

2 ジャガイモとカリフラワーを順に炒め、万能チキンスープストックを加えてフタをし、材料がやわらかくなるまで煮る。煮えたら、火を止めてそのまま冷ます。ミキサーにかけて鍋に戻す。温めて塩・黒コショウで味を調えて器に盛る。生クリーム、クレソン各適量（各分量外）をトッピングし、黒コショウをふる。

きんぴらゴボウと春菊の牛肉サラダ

下準備

きんぴらゴボウを作る。
ゴボウ（1本）は、ささがきにして水に5分さらして水けをきる。フライパンにゴマ油（小さじ2）を熱し、ゴボウを炒める。少し焦げ目がついていい香りがしてきたら、本みりん、醤油（各小さじ1）をまわし入れてひと混ぜして火を止める。煎りゴマ（小さじ2）と一味唐辛子（少々）を加え、全体をなじませてボウルにとって冷ます。

材料 [作りやすい分量]

グリーンリーフ（食べやすい大きさにちぎる）…1枚
春菊（洗って水けをきり、2～3cmの長さに切る）…1/3束
パプリカ（横に薄くスライス）…1/4個
タマネギ（スライスして水にさらし、水けをきる）…20g
牛肉（ひと口大に切る）…100g
きんぴらゴボウ…ひとつかみ
本みりん、醤油、純米酢…各小さじ1

作り方

1 フライパンを熱し、オイルをひかずに牛肉を炒める。牛肉から脂が出てきたら8分通り火を通す。本みりんと醤油をまわしかけて少し煮詰め、火を止めて純米酢を加える。ボウルに野菜ときんぴらゴボウ、牛肉を汁ごと加えて和える。

クッペにきんぴらゴボウと
春菊の牛肉サラダを
サンドしてどうぞ。

ジャガイモとカリフラワーのスープ

＋

きんぴらゴボウと春菊の牛肉サラダ

＋

クッペ

チキンのトマト煮

チキンのコクとトマトの酸味、タマネギやパプリカの甘みがいいバランス。
パンにもちろん、ご飯やパスタにも合うチキンのトマト煮です。

チキンのトマト煮

材料 [作りやすい分量]

オリーブオイル…大さじ1
ニンニク (みじん切り)…1かけ
鷹の爪 (乾燥)…2本
鶏もも肉 (ひと口大に切り、塩・コショウをする)…2枚
タマネギ (乱切り)…大1個
ピーマン (乱切り)…3個
パプリカ2種 (乱切り)…赤黄各1個
トマト (乱切り)…大3個
塩・黒コショウ…各少々
ドライオレガノ…少々

グリーンアスパラガスとクルミのサラダ

材料 [作りやすい分量]

グリーンアスパラガス
 (根元部分を切り、塩茹でにして斜めにスライスする)…2本
ラディッシュ (根元を切り、クシ形に切る)…2個
ルッコラ (洗って水けをきり、2〜3cmの長さに切る)…1/2束
タマネギ (薄くスライスし、水にさらして水けをきる)…30g
クルミ (170℃のオーブンで7〜8分ローストし、細かく割る)…適量
塩・黒コショウ…各少々
ドライオレガノ…少々
オリーブオイルドレッシング (P6〜7)…小さじ2

チキンの
トマト煮

＋

グリーン
アスパラガスと
クルミの
サラダ

＋

プチパン

作り方　チキンのトマト煮

1. 鍋にオリーブオイル小さじ1とニンニク、鷹の爪を入れて弱火にかける。いい香りがしてきたら、鶏もも肉を入れてこんがりと炒めて取り出す。

2. 残りのオリーブオイルを足し、タマネギを炒める。しんなりとしてきたらピーマン、パプリカを加えて炒める。1とトマトを加えてフタをして30分くらい弱火で煮込む。

3. 塩・黒コショウで味を調えてドライオレガノをふる。

鶏肉をこんがりと炒める

タマネギを加える　　　ピーマンとパプリカを加える

写真のような状態になるまで30分くらい煮込む

作り方　グリーンアスパラガスとクルミのサラダ

1. 材料すべてをオリーブオイルドレッシングで和える。

BREAD + SOUP + SALAD

BREAD + DIP + SALAD + WINE
パンと8種類のディップ、サラダで ワインピクニック

パンの上に好きなディップを、
好きなサラダをのせてオープンサンドにしたり、
ワインと合わせてみたり。
バスケットに詰めて、さあワインピクニックのはじまり。

BREAD+SOUP+SALAD 67

ヨーグルトをサツマイモでさっぱりと。
サツマイモとヨーグルト、ミントのディップ

材料 ［作りやすい分量］

サツマイモ（やわらかく塩茹で）…小1本
ヨーグルト（無糖タイプ）…大さじ1
マヨネーズ…大さじ1
ミント（葉）…1〜2枚
塩…ひとつまみ

作り方

1 サツマイモは熱いうちにマッシュする。

2 あら熱がとれたらヨーグルトとマヨネーズ、ミントの葉を手でちぎって加えて混ぜ合わせる。塩で味を調える。

エスニックな味わい。
フムス

材料 ［作りやすい分量］

ヒヨコ豆（茹でる）…250g
レモン汁…大さじ1と1/2
オリーブオイル…大さじ2
クミン（ドライ）…小さじ1/2
コリアンダーパウダー…小さじ1/4
ピーナッツバター…大さじ2
塩…小さじ1/2
黒コショウ…小さじ1/4

作り方

1 すべてをミキサーにかけてまわす。

卵とチャイブでやさしい味。
卵とチャイブのディップ

材料 ［作りやすい分量］

卵（熱湯で卵を8分茹で、マッシャーでつぶす）…2個
チャイブ（みじん切り）…大さじ1
マヨネーズ……小さじ2
塩・黒コショウ…各少々

作り方

1 卵とチャイブをマヨネーズと塩・黒コショウで和える。
＊チャイブがないときはアサツキでもよい。

サワークリームの酸味とカボチャが合う。
カボチャのディップ

材料 ［作りやすい分量］

カボチャ（種をとって乱切り）…200g
サワークリーム…大さじ2
カレー粉…小さじ1/2
塩…ひとつまみ

作り方

1 鍋にカボチャとひたひたの水（分量外）を入れ、茹でる。

2 1の水分を軽く飛ばし、マッシュする。

3 サワークリームとカレー粉、塩を加えて混ぜ合わせる。

好きなパンにたっぷりとつけて。
アボカドディップ ワカモレ

材料 [作りやすい分量]

アボカド…1〜2個
タマネギ（みじん切り）…小さじ1
パプリカ（みじん切り）…小さじ1
ピーマン（みじん切り）…小さじ1
ライム汁…小さじ1
塩…少々
ペッパーソース…少々

作り方

1 アボカドをマッシュし、すべての材料と混ぜる。

カマンベールチーズを焼くだけです。
焼きカマンベールチーズのディップ

材料 [作りやすい分量]

カマンベールチーズ…1ホール
黒コショウ…適宜

作り方

1 カマンベールチーズに切り込みをして、耐熱容器に入れて200℃のオーブンで7〜8分焼く。黒コショウをふり、フォークなどで混ぜる。

定番の組み合わせは、やっぱりおいしい。
ドライイチジクとクリームチーズのディップ

材料 [作りやすい分量]

ドライイチジク煮
（ドライイチジクを熱湯で5分茹でて、ラム酒少々をかける）…2個
クリームチーズ（室温に戻す）…80g
シナモンパウダー…少々

作り方

1 ドライイチジク煮のあら熱がとれたら細かく刻む。ドライイチジク煮と、クリームチーズ、シナモンパウダーと和える。

プルーンとバターは、絶対に食べてほしい組み合わせ。
ドライプルーンバター

材料 [作りやすい分量]

ドライプルーン煮…1個
（鍋にプルーンとひたひたの水を入れ、沸騰したら、甜菜糖 大さじ1を加える。水けがなくなったら、ラム酒大さじ1を加えて冷ます）
バター（室温に戻す）…50g

作り方

1 プルーン煮を食べやすい大きさに刻んで、バターと和える。

BREAD+SOUP+SALAD

ジャガイモとゴボウのコンビは最高。
ジャガイモとゴボウのサラダ

材料 [作りやすい分量]

ジャガイモ
(乱切りして塩茹でしてザルにとり、粉ふきいもに)…大1個
ドレッシング…適量
(オリーブオイル小さじ1、レモン汁小さじ1、塩・黒コショウを混ぜ合わせる)
ゴボウ (ささがきにして水にさらす)…1本
オリーブオイル…小さじ2
クルミ (170℃のオーブンで7〜8分ローストする)…適量
レタス (洗って水けをきる)…1枚
塩・黒コショウ…各少々

作り方

1 ジャガイモが熱いうちにドレッシングと和える。

2 フライパンにオリーブオイルを熱し、ゴボウがカリッとするまで炒め、仕上げにクルミを割りながら加える。塩・黒コショウをして、1に加えて和える。

3 皿にレタスをちぎってしき、2を盛る。

夏に作ってほしいサラダ。
ナスとオクラとトマトのサラダ

材料 [作りやすい分量]

ナス (小さめの乱切り、水にさらして水けをきる)…1本
オクラ (ヘタをとり、1.5cmの長さに切る)…3本
オリーブオイル…大さじ1
塩・黒コショウ…各少々
タマネギ (スライスし、水にさらして水けをきる)…30g
トマト (小さめの乱切り)…1個
グリーンリーフ (洗って水けをきる)…1〜2枚
レモン汁…小さじ1

作り方

1 フライパンにオリーブオイルを熱し、ナスを炒める。続いてオクラ、タマネギを加えて炒める。ナスに少し焦げ目がついてきたら、塩・黒コショウをしてひと混ぜして火を止める。フライパンにくっつきそうになったら分量外のオリーブオイルを少し足す。あら熱がとれたら、タマネギ、トマト、グリーンリーフも加えて塩・黒コショウをし、レモン汁をかけて全体をふんわり和える。

きれいになれるサラダ。
水菜とひじきとキノコのサラダ

材料 [作りやすい分量]

乾燥長ひじき
(水に20分つけて戻し、食べやすい長さに切る)…10g
シメジ (小房に分ける)…1/2房
オリーブオイル…適量
レモン汁…小さじ1
塩・黒コショウ…各少々
水菜 (洗って3cmの長さに切る)…1/3束
ニンジン (スライサーで千切り)…30g
タマネギ (スライスして水にさらし、水けをきる)…30g
パプリカ (薄くスライスする)…1/4個

作り方

1 フライパンにオリーブオイルを熱し、ひじきを炒めて、塩・黒コショウをする。

2 別のフライパンにオリーブオイルを熱し、シメジを入れて塩をふる。フタをして2～3分、シメジから水分が出てきたらフタをとり、火を止める。レモン汁をかけ、黒コショウをふる。

3 1と2 (汁ごと加える)と水菜、ニンジン、タマネギ、パプリカをボウルに加えて和える。皿に盛る。

とんかつパンサラダ

もし、作ったとんかつが余ってしまったら
オーブンで温めてとんかつパンサラダに。
簡単に作れるごちそう。

材料 [2〜3人分]

とんかつ

豚ヒレ肉（1cm厚のスライス）…2〜3枚
塩・黒コショウ…各少々
フライ衣（小麦粉、溶き卵、パン粉）…各適量
揚げ油…適量

サラダ

ブール（P44〜45）（オートミールのパンなど）…厚切り1枚
オリーブオイル…小さじ1
塩・黒コショウ…各少々
レタス、グリーンリーフ、ロメインレタスなど
（洗って水けをきる）…各3枚程度
クレソン（洗って水けをきる）…1/2束
ニンジン（スライサーで千切り）…30g
タマネギ（スライサーで薄切りにして水にさらし、水けをきる）…30g
マッシュルーム（縦にスライスしてレモン汁（分量外）をかける）…2個
ミニトマト（小さめの乱切り）…小1個
卵（半熟卵用）…1個
ドレッシング
（オリーブオイル小さじ2、レモン汁小さじ1、塩・黒コショウ各少々を混ぜる）…適量

作り方

1 豚ヒレ肉に塩・黒コショウをし、小麦粉、溶き卵、パン粉の順につけて180℃のオイルで色よく揚げる。3等分くらいに切る。

2 卵は熱湯で6分茹でて半熟卵を作る。

3 ブールは、こんがりとオーブンでトーストする。オリーブオイルをハケで塗り、塩をふる。ひと口大の乱切りにする。

4 ボウルにレタス、クレソンをちぎりながら入れ、ニンジン、タマネギ、マッシュルームを加えてざっくりと混ぜる。トマト、**1**、**2**（手で割る）、**3**を加える。ドレッシングをかけてざっくりと混ぜて皿に盛る。

BREAD + SOUP + SALAD

卵入り雑穀トマトスープ

雑穀が水分を吸ってとろーりと、まるでお肉のような存在感になる。
卵は真ん中に入れて余熱で火を通すのがポイント。
ご飯にかけてもおいしいスープです。

卵入りの雑穀トマトスープ + イギリスパンのトースト

卵入り雑穀トマトスープ

材料 [4人分]

- ショウガ（みじん切り）…1かけ
- タマネギ（みじん切り）…1個
- オリーブオイル…適量
- 万能チキンスープストック（P52〜53）…300ml
- トマト缶…300g
- もち麦…50g
- 茹で大豆…100g
- 塩・黒コショウ…各少々
- 水…150ml
- 卵…4個
- ドライオレガノ…適宜
- イギリスパンのトースト…適量
- サラダ…適量

作り方

1

ショウガを鍋に入れて炒める。いい香りがしてきたら、タマネギを加えてじっくり炒める

2

万能チキンスープストックを少しずつ加えて混ぜる

3

トマト缶ともち麦、茹で大豆、水を加えて10分くらい煮る

4

塩・黒コショウで味を調え、火を止める

5

20分置いてのち、もう1度温めて、卵を割り入れてフタをして弱火で3〜4分煮る。スープを器に盛って、ドライオレガノをふる。お好みで卵を割って、パンにつけて食べる

トマトと卵でやさしい栄養満点のスープ

卵をくずしてトーストにつけてどうぞ！

MIA'S BREAD

3

BASIC

フライパンでパンを焼く。

オーブンがなくても気軽に作るフライパンレシピ。
ミアズブレッドの大人気ワークショップ、
フライパンでパン作り(生地作り〜フィリング作りまで)を大公開。
フライパンで作るカレーパンやあんパン、シナモンりんごマフィンには
しっとりとした独特のおいしさがあります。
フィリングをかえれば、バリエーションはいくらでも生まれます。

フライパンでカレーパン

フライパンでのパン作りは、焼いてフィリングをかえるだけで
どんどんバリエーションが広がります。
キーマカレーを入れたカレーパンはジャガイモで水分を閉じ込めるのがコツ。
アウトドアにピッタリなレシピです。

イースト生地 + キーマカレー

下準備

フィリング（キーマカレー）を作る。

1 フライパンにオリーブオイル（小さじ2）を熱し、タマネギ（1/2個）、ニンニク、ショウガ（各1かけ）のみじん切りと鷹の爪（1本）を炒める。いい香りがしてきたら、合いびき肉（300g）を加えて炒める。

2 肉がある程度炒まってきたら、ピーマンのみじん切り（1個）を加えて炒め、カレー粉（大さじ1）を混ぜる。

3 2にトマト缶（200g）を加えて煮詰め、ジャガイモのマッシュ（適量）を混ぜる。
＊ジャガイモは茹でてマッシュしておく。

4 塩（少々）で味を調える。あら熱をとり、金属製のバットに入れて冷蔵庫で冷やす。

材料

1 タマネギ、ニンニク、ショウガを炒める

2 肉を炒め、ピーマン、カレー粉を加える

3 ジャガイモを加える

4 冷蔵庫で冷やす

＊キーマカレーが残った場合は、ドライカレーにしても。また、前の日にカレーを作っていたら、それを利用してもいい。その場合は、ジャガイモをつぶして固さを調節することを忘れずに

ミアズブレッドのキーマカレーは、
ジャガイモのマッシュを加えるのがポイント。

🏷️ 材料 [8個分]

A 強力粉…300g
　砂糖…大さじ1
　ドライイースト…小さじ1
　塩…小さじ3/4
　ぬるま湯…200ml

オリーブオイル…適量
フィリング（キーマカレーP80〜81）…適量

🏷️ 作り方

1 基本のイースト生地作り（P10〜13）の作り方1〜4まで同様に。

2 容器の8分目までふくらんだら、パン生地を取り出して8等分にする。切り口を中に入れるようにして丸め、後ろもとじる。とじ目を下にしてパンマットに並べる。

3 パンマットを折り返して生地にかぶせ、上に固くしぼったぬれぶきんをかけてベンチタイム10分をとる。

4 ひとまわり大きくなったら、パン生地を手のひらの上に広げ、キーマカレーのフィリング適量をのせる。パン生地の前後左右をしっかりとじ、フィリングを包み込む。とじ目が下になるように丸める。同様に8個作る。

5 4をフライパンに並べ、フタをして20〜25分発酵させる。

6 ふっくらしたら、弱火でじっくりと5〜6分はそのままで焼く。うっすらと焼き色がついたらひっくり返す。フタをしてもう片面を焼く。合計で13〜15分焼く。

7 仕上げにオリーブオイルをまわしかけて、両面に香ばしい焼き色をつける。

4

キーマカレーをのせる　包み込む　丸める

フタをして発酵後

5 上から手で押す

6 両面を焼く。合計13〜15分

7

焼き立てのカレーパンは、
それだけでごちそう。

フライパンであんパン

自家製だからこそ甘さは控えめに。
塩をしっかりめに加えるのがコツ。小豆の味が感じられます。
焼きたてのアツアツをほうばりたい。

イースト
生地
＋

つぶあん

― 下準備 ―

フィリング（つぶあん）を作る。

小豆（300g）は、洗ってザルにあげる。圧力鍋に小豆と水（700ml）を入れてフタをして火にかける。沸騰したら弱火にして2分。圧をぬいてザルにあげる。再び小豆を鍋に戻し、水（430ml）を加えて火にかける。沸騰したら弱火で10分煮て火を止める。自然に圧が下がったら、フタをはずしてグラニュー糖（150g）を加えてよく混ぜる。フタをして20分後に塩（少々）を加えてよく混ぜる。あら熱をとり、金属製のバットに入れて冷蔵庫で冷やす。

＊砂糖が少なめなので、2日くらいで使い切ること。
＊余った場合は、小分けして冷凍する。

材料 [10～11個分]

A | 強力粉…300g
　| 砂糖…大さじ1
　| ドライイースト…小さじ1
　| 塩…小さじ3/4
　| ぬるま湯…200ml

オリーブオイル…適量
フィリング（つぶあんP84）…適量

フタをして発酵後

作り方

1 基本のイースト生地作り（P10～13）の作り方1～4まで同様に。

2 容器の8分目までふくらんだら、パン生地を取り出して10～11等分にする。切り口を中に入れるようにして丸め、後ろもとじる。とじ目を下にしてパンマットに並べる。

3 パンマットを折り返して生地にかぶせ、上に固くしぼったぬれぶきんをかけてベンチタイム10分をとる。

両面を焼く

4 ひとまわり大きくなったら、パン生地を手のひらの上に広げ、つぶあんのフィリング適量をのせる。パン生地の前後左右をしっかりとじ、フィリングを包み込む。とじ目が下になるように丸める。同様に10～11個作る。

5 フライパンに並べ、フタをして20～25分発酵させる。

6 ふっくらしたら、弱火でじっくりと5～6分はそのままで焼く。うっすらと焼き色がついたらひっくり返す。フタをしてもう片面を焼く。合計で13～15分焼く。

焼き立てのアツアツのあんパンをどうぞ

FRYING PAN BREAD

フライパンでシナモンりんごマフィン

生地とフィリングが合わさったところがアップルパイのようになります。
朝食としてもおやつとしてもおすすめ。濃いめの紅茶が合います。

イースト生地

＋

シナモンりんご

下準備

フィリング（シナモンりんご）を作る。
フライパンを火にかけてバター(15g)を溶かす。りんごのスライス（1個）を中火でちょっと焦げ目がつくまで炒め、りんごがしなっとしてきたらフタをして蒸し焼きにする。メープルシロップ（大さじ1）をまわしかけてクルミ(20g)を加え、シナモンパウダー（小さじ1）を混ぜ合わせる。火を止めてドライレーズン（適量）を加える。あら熱をとり、金属製のバットに入れて冷蔵庫で冷やす。

材料 [8個分]

A 　強力粉…300g
　　砂糖…大さじ1
　　ドライイースト…小さじ1
　　塩…小さじ3/4
　　ぬるま湯…200ml

オリーブオイル…適量
フィリング（シナモンりんごP86）…適量

作り方

1 基本のイースト生地作り（P10～13）の作り方1～4まで同様に。

2 容器の8分目までふくらんだら、パン生地を取り出して8等分にする。切り口を中に入れるようにして丸め、後ろもとじる。とじ目を下にしてパンマットに並べる。

3 パンマットを折り返して生地にかぶせ、上に固くしぼったぬれぶきんをかけてベンチタイム10分をとる。

4 ひとまわり大きくなったら、パン生地を手のひらの上に広げ、シナモンりんごのフィリング適量をのせる。パン生地の前後左右をしっかりとじ、フィリングを包み込む。とじ目が下になるように丸める。同様に8個作る。

5 フライパンに並べ、フタをして20～25分発酵させる。

6 ふっくらしたら、弱火でじっくりと5～6分はそのままで焼く。うっすらと焼き色がついたらひっくり返す。フタをしてもう片面を焼く。合計で13～15分焼く。

シナモンりんごをのせる

4 包み込む

とじる

ひっくり返す

割るとシナモンとりんごの甘い香り

FRYING PAN BREAD

フライパンで肉まん

フィリングの材料をかえるだけでパンの味わいもかわります。
まるで中華まんのよう。春雨を加えるのがポイント。
生地にゴマや長ネギを加えてもいい。ビールや中国茶と一緒に。

イースト生地 + 肉みそ

──── 下準備 ────

フィリング（肉みそ）を作る。
フライパンにゴマ油（小さじ2）を熱し、ショウガのみじん切り（1かけ）、白ネギのみじん切り（1本）、シイタケのみじん切り（2～3個）、豚ひき肉（300g）を順に炒める。全体がなじんだら、日本酒（大さじ1）と本みりん（大さじ1）、醤油（大さじ1）、甜麺醤（小さじ2）を加えて1～2分炒めたら、湯で戻した春雨（30g）を1cmの長さに切って加える。水分がほとんどなくなったら、水溶き片栗粉（大さじ1）をまわし入れる。とろみがついたら、火を止める。あら熱をとり、金属製のバットに入れて冷蔵庫で冷やす。

材料 [9個分]

A 強力粉…300g
　砂糖…大さじ1
　ドライイースト…小さじ1
　塩…小さじ3/4
　ぬるま湯…200ml

ゴマ油…適量
フィリング（肉みそP88）…適量

肉みそをのせて包み、丸めてとじる

作り方

1. 基本のイースト生地作り（P10～13）の作り方1～4まで同様に。

2. 容器の8分目までふくらんだら、パン生地を取り出して9等分にする。切り口を中に入れるようにして丸め、後ろもとじる。とじ目を下にしてパンマットに並べる。

3. パンマットを折り返して生地にかぶせ、上に固くしぼったぬれぶきんをかけてベンチタイム10分をとる。

4. ひとまわり大きくなったら、パン生地を手のひらの上に広げ、肉みそのフィリング適量をのせる。パン生地の前後左右をしっかりとじ、フィリングを包み込む。とじ目が下になるように丸める。同様に9個作る。

5. フライパンに並べ、フタをして20～25分発酵させる。

6. ふっくらしたら、弱火でじっくりと5～6分はそのままで焼く。うっすらと焼き色がついたらひっくり返す。フタをしてもう片面を焼く。合計で13～15分焼く。

7. 仕上げにゴマ油をまわしかけて両面に香ばしい焼き色をつける。

フライパンに並べたら、上から手で押す

手作りならではの肉まんの完成

FRYING PAN BREAD

フライパンでトマトチーズパン

トマトとチーズは切るだけなのに凝ったフィリングのように感じます。
焼くことでフレッシュトマトに火が入り、ソースのようになるので
バジルと一緒に入れれば、さらにおいしい。

材料 [9個分]

A
- 強力粉…300g
- 砂糖…大さじ1
- ドライイースト…小さじ1
- 塩…小さじ3/4
- ぬるま湯…200ml

オリーブオイル…適量
フィリング（トマト&シュレッドチーズ）…各適量

トマトをのせる

> 作り方

1 基本のイースト生地作り(P10～13)の作り方1～4まで同様に。

2 容器の8分目までふくらんだら、パン生地を取り出して9等分にする。切り口を中に入れるようにして丸め、後ろもとじる。とじ目を下にしてパンマットに並べる。

3 パンマットを折り返して生地にかぶせ、上に固くしぼったぬれぶきんをかけてベンチタイム10分をとる。

4 ひとまわり大きくなったらパン生地を手のひらの上に広げ、チーズとトマトの順にのせる。パン生地の前後左右をしっかりとじ、包み込む。とじ目が下になるように丸める。同様に9個作る。

5 フライパンに並べ、フタをして20～25分発酵させる。

6 ふっくらしたら、弱火でじっくりと5～6分はそのままで焼く。うっすらと焼き色がついたらひっくり返す。フタをしてもう片面を焼く。合計で13～15分焼く。

次にチーズをのせる

包んで丸める

焼くとチーズがとろっと

FRYING PAN BREAD 91

MIA'S BREAD

4

BASIC

MIA'S SANDWICH
食べ方の提案からはじまった
サンドイッチとトースト

パンと素材の色や組み合わせなど、

あれやこれやと考えるうちに世界観が広がって

サンドイッチ作りに夢中になった。

季節や体調によってパンや野菜もお互いが引き立つように感じながら作る。

素材同士が友達のように集まった

人気サンドイッチ＆おすすめオープンサンド、トーストのレシピを紹介。

サラダのような野菜がいっぱいのサンドイッチ（P114〜115）、

BLTAサンド（P118〜119）、ひじきサンドイッチ（P116〜117）、

厚揚げジンジャーサンドイッチ（P106〜107）、

木綿豆腐を使ったサンドイッチ（P122〜123）など。

豪快にガブリと味わいたい

ビーフハンバーガー

焼き立てのハンバーグにチーズをのせて
素早く挟んで食べてほしい。
ひき肉は、赤身の肉を叩いて作れば、
さらにおいしくなります。

材料 [作りやすい分量]

ハンバーグ
- 牛ひき肉…500g
- タマネギ (みじん切り)…1/2個
- 溶き卵…1個
- 塩…小さじ2/3
- 黒コショウ…小さじ1

(以下は、1個分)

- バンズ…1個
  *バンズは、イースト生地でマフィン (P33) を作るときと同様に。オーブンの天板を逆さにしてかぶせずに焼く。
- オリーブオイル…少々
- キュウリのピクルス (薄くスライスする)…適宜
- ケチャップ…少々
- チェダーチーズ…適宜
- アボカド (0.8mm厚のスライス)…2〜3枚
- トマト (1cm厚のスライス)…1枚
- クレソン (洗って水けをきる)…1本
- レタス (洗って水けをきる)…1枚
- タルタルソース…少々

作り方

1 ハンバーグのすべての材料をボウルに入れ、指先で粘りが出るまでよく練る。バンズよりもひとまわり大きく等分にして、空気抜きをして円形にする。
 *牛肉100%のハンバーグは焼くと縮むのでバンズよりも大きく作ること。

2 フライパンにオリーブオイル (分量外) を熱し、1を並べて強めの中火でまわりが白っぽくなって焼き色がついてきたら、ひっくり返す。表裏を好みの加減に焼く。

3 バンズにナイフで切り込みを入れて上下で手割する。断面を網焼にする。

4 下になるバンズにピクルスを並べて、ハンバーグを重ねてケチャップを点々とつける。さらにチェダーチーズ、アボカド、トマト、クレソンを重ね、パンの大きさに折りこんだレタスの内側にタルタルソースをつけてひっくり返す。上になるバンズに好みでタルタルソースを不均等につけてサンドする。

豆腐ハンバーガー

ハーブとスパイスの配合が味のポイント。豚肉は鶏肉にかえてもいい。
生野菜をたっぷりと挟んで食べよう。

材料 [作りやすい分量]

豆腐ハンバーグ
- 豚ひき肉（赤身）…200g
- 木綿豆腐（水切りをしておく）…200g
- ドライタイム、ドライセージ
  …各小さじ1/4
- 黒コショウ…小さじ1/2
- 塩…小さじ2/3
- パン粉…20g
- 牛乳…大さじ3

（以下は、1個分）
- バンズ（P95）…1個
- オリーブオイル…少々
- ニンジン（スライサーで千切り）…適量
- ブロッコリースプラウト…適量
- レタス（洗って水けをきる）…1枚
- タルタルソース…少々

> 作り方

1 豆腐ハンバーグの材料をボウルに入れ、指先で粘りが出るまで練る。等分にして空気抜きをして円形にする。

2 フライパンにオリーブオイルを熱し、1の表裏をこんがりと焼き、フタをして中までしっかりと火を通す。

3 バンズにナイフで切り込みを入れて、上下に手割する。断面を網焼きにする。内側になる面にオリーブオイルをハケで塗る。下になるバンズに好みでタルタルソースを不均等につける。

4 下になるバンズに 2 をのせ、ニンジン、ブロッコリースプラウトの順に重ねる。パンの大きさに折りこんだレタスの内側にタルタルソースをつけてひっくり返す。上になるバンズでサンドする。

粘りが出るまで練る　　等分にする
1

2 両面をしっかり焼く

3

断面を網焼きにする

内側になるバンズにオイルをハケで塗る

下になるバンズにタルタルソースを不均等につける

4

レタスの内側にタルタルソースをつけてひっくり返す

MIA'S SANDWICH　97

9種類のオープンサンド

丸いの、四角いの、細長いの。パンの形と野菜の切り方、色、味を組み合わせる。
オープンサンドは、具材を挟むと見えない野菜たちがよく見える。これが最大の魅力。

チャイブ入りの卵サラダとカリフラワーのサラダ on クッペ

チャイブを加えた卵サラダに
カリフラワーを加えて。
見た目は、卵サラダだけど
食べるとカリフラワーがたっぷり。

材料 [1人分]

クッペ (P15)…1/2本
卵…1個
マヨネーズ…小さじ2
塩・黒コショウ…各少々
カリフラワー (小さく分けて塩茹で)…50g
チャイブ、またはアサツキ (小口切り)
…2〜3本
オリーブオイル…少々

作り方

1 卵は熱湯で9分茹でて水にとる。殻を剥き、マッシュしてマヨネーズと塩・黒コショウを加えて和える。

2 1にカリフラワーとチャイブを加えて和える。

3 クッペにナイフで切り込みを入れて上下に手割する。焼き網を熱し、断面をこんがりと焼く。オリーブオイルをハケでさっと塗る。塩少々をふり、上に**2**をのせる。

BLTA (ベーコン、レタス、トマト、アボカド) on クッペ

定番のBLTAサンドも
オープンにするだけで
こんなに色あざやかに。

材料 [1人分]

クッペ (P15)…1/2本
スライスベーコン…1枚
オリーブオイル…小さじ1
タルタルソース…小さじ1
レタス (洗って水けをきる)…1枚
アボカド (皮と種をとり、7mm厚のスライスに)
…1/2個
トマト (角切りに。キッチンペーパーで水けをきる)
…1/4個

作り方

1 フライパンにベーコンを入れ、中火でカリッと焼く。キッチンペーパーで余分な脂をとり、2cmくらいの長さに切る。

2 クッペにナイフで切り込みを入れて上下に手割する。焼き網を熱し、断面をこんがりと焼く。オリーブオイルをハケでさっと塗る。

3 2の断面にタルタルソースを数箇所に点々とつけ、レタスをのせる。アボカドを並べる。その上に**1**をバランスよく並べ、トマトを重ねる。

レンコンカツ on イギリスパン

レンコンカツのモチモチ感と衣のカリカリ感。
ナスとズッキーニのやわらかさで
おいしい組み合わせ。

下準備

レンコンカツを作る。
レンコン (2cm分) は、1cmの厚切りに。塩・黒コショウをして、小麦粉、溶き卵、パン粉 (各適量) の順に衣をつけ、170℃のオイル (適量) で揚げる。

ナスとズッキーニのソティを作る。
鍋にオリーブオイルを熱し、ナスとズッキーニの角切り (各2cm分) を炒めて塩・黒コショウをする。

材料 [1人分]

イギリスパン (P16〜17)…1枚
オリーブオイル…少々
タルタルソース…小さじ1
レンコンカツ…適量
ナスとズッキーニのソティ…各適量
ケチャップ…少々

作り方

1 焼き網を熱し、パンの両面をこんがりと焼く。オリーブオイルをハケでさっと塗る。タルタルソースを不均等につけ、レンコンカツを並べる、その上にナスとズッキーニのソティをのせ、ケチャップを数箇所に点々とつける。

きんぴらゴボウと春菊のサラダ on イングリッシュマフィン

きんぴらゴボウと香りの春菊のサラダとの組み合わせ。色と味の割合を同じようにして和えるのがコツ。

フムス on プチパン

フムスをパンにのせたら、ズッキーニとラディッシュを差し込むようにトッピング。

サラダほうれん草と豆のサラダ on ブール

パンと一緒に味わう豆のサラダ。豆が多く出回る季節に作りたい。

下準備

きんぴらゴボウと春菊のサラダを作る。
春菊(1〜2本)は洗って水けをきり、ニンジン(30g)はスライサーで千切りに。タマネギ(30g)は薄くスライスして水にさらして水けをきる。ゴボウ(小1本)はささがきにして水にさらして水けをきる。フライパンにゴマ油(大さじ1)を熱し、ゴボウをカリッと炒める。本みりん、醤油(各小さじ1)で味付けする。味がなじんできたら、煎りゴマ、クルミ(フライパンで煎って手で割る)、一味唐辛子(各少々)を加えてひと混ぜして火を止める。ボウルに手でちぎったレタス、春菊、タマネギ、きんぴらゴボウを加えて全体を和える。

材料 [1人分]

イングリッシュマフィン(P32〜33)…1/2個
きんぴらゴボウと春菊のサラダ…適量
オリーブオイル…適量

作り方

1 マフィンにナイフで切り込みを入れて上下に手割する。焼き網を熱し、断面をこんがりと焼く。オリーブオイルをハケでさっと塗る。塩をふり、きんぴらゴボウと春菊のサラダをのせる。

材料 [1人分]

プチパン(P14)…1/2個
フムス(P68)…大さじ1
オリーブオイル…適量
塩・黒コショウ…各少々
ラディッシュ(スライス)…2枚
ズッキーニのソテ
(皮を格子に剥いて輪切りに)…適量

作り方

1 プチパンにナイフで切り込みを入れて上下に手割する。焼き網を熱し、断面をこんがりと焼く。オリーブオイルをハケでさっと塗り、塩をふる。

2 1の断面にフムスを塗る。ズッキーニのソテとラディッシュを交互に立ててのせる。

材料 [1人分]

ブール(P44〜45)(1.5cm厚のスライス)…1枚
インゲンとスナップエンドウ
(塩茹でして冷まして斜めに切る)…各5〜6本
ミニトマト
(小さめの角切り。ザルで水けをきる)…小1個
ラディッシュスプラウト…ひとつかみ
サラダほうれん草(洗って水けをきり、2cmの長さに切る)…1/2束
レモン汁…小さじ1
オリーブオイル…小さじ2
塩・黒コショウ…各少々

作り方

1 ボウルにインゲン、スナップエンドウ、トマト、ラディッシュスプラウト、サラダほうれん草、レモン汁、オリーブオイルを入れる。塩・黒コショウをふり全体を和える。

2 焼き網を熱し、ブールの断面をこんがりと焼く。オリーブオイルをハケでさっと塗る。塩をふり、1をたっぷりのせる。

ナスとズッキーニのチーズ焼き on キャロブブルマン

野菜のソティにフライパンで
チーズを絡めるだけ。
手軽なピッツァのようなオープンサンド。

> 材料 [1人分]

キャロブブルマンブレッド（P37）
(1.5cm厚のスライス)…1枚
ナス（皮を格子に剥き、1.5cmの厚切り）…1本
ズッキーニ
(皮を格子に剥き、1.5cmの輪切りに)…1/2本
塩・黒コショウ…各少々
オリーブオイル…小さじ2
ナチュラルチーズ…適量

> 作り方

1 フライパンにオリーブオイルを熱し、ナスとズッキーニを焼いて塩・黒コショウをする。ナチュラルチーズを加え、溶けてきたら火を止めて絡める。

2 焼き網を熱し、キャロブブルマンの断面をこんがりと焼く。上になる面にオリーブオイルをハケでさっと塗り、塩をふる。その上に**1**を色どりよく並べる。

チキンのトマト煮 on イングリッシュマフィン

チキンのトマト煮（P64〜65）を
パンにのせるとフィリングとしての表情に。
ソースのうま味がパンに移っておいしくなる。

> 材料 [1人分]

イングリッシュマフィン（P32〜33）…1/2個
チキンのトマト煮（P64〜65）…大さじ2
ブロッコリースプラウト…ひとつかみ

> 作り方

1 イングリッシュマフィンにナイフで切り込みを入れて上下に手割する。焼き網を熱し、断面をこんがりと焼く。オリーブオイルをハケでさっと塗る。その上にチキンのトマト煮をのせ、ブロッコリースプラウトをのせる。

ひじきサラダ on プチパン

ご飯のおかずとして作ったひじき煮が残ったら、
レモン汁を加えて作っても美味。

> 下準備

ひじきサラダを作る。
水で戻した長ひじき、小さめにスライスしたパプリカ、薄めにスライスし水にさらして水けをきったタマネギ（各ひとつかみ）をオリーブオイル（小さじ1）とレモン汁と塩（各少々）で和える。

> 材料 [1人分]

プチパン（P14）…1個
オリーブオイル…少々
タルタルソース…少々
ひじきサラダ…適量

> 作り方

1 プチパンにナイフで切り込みを入れて上下に手割する。焼き網を熱し、断面をこんがりと焼く。オリーブオイルをハケでさっと塗る。その上に好みでタルタルソースを不均等につけ、ひじきサラダをのせる。

バタートースト

トーストは、パンの厚みに合わせて網焼きやオーブン焼きに。
焼き方をかえるだけで食感もかわります。
お好みでバターやオリーブオイルを塗れば、さらにバリエーションが広がります。

材料 [1人分]

ブルマンブレッド
(4cm厚のスライス)…1枚
バター(またはオリーブオイル)…適量

天然酵母の
イングリッシュマフィン(P32～33)…1個
バター(またはオリーブオイル)…適量

アドバイス

パンをトーストにするときにオーブンと焼き網を使い分け。
厚切りトーストはオーブンがおすすめ。耳のところまで切り込みを入れて焼く。オーブンは四方から熱が伝わるのでパンの耳がおいしく焼ける。4cm厚のスライスなら、余熱なしで230℃で5分。同じ厚さのパンを冷凍した場合は余熱なしで200℃で13～15分。常温のパンなら、200℃で3～4分。焼き網は、断面焼きに向いている。短時間で焦げ目がついて乾燥しないのでやわらかいまま焼ける。焼き網を熱してからパンを焼いてください。

オーブンでプレーンバタートースト
オーブン焼きは、耳までしっかり焼けるので厚切りトーストにぴったり。

> 作り方

1. プルマンブレッドの断面にナイフで格子に切り込みを入れる。
2. 230℃のオーブンで4〜5分焼く。
3. 焼き上がりにバター（もしくはオリーブオイル）をジュワッと塗る。
4. 焼き立てのトーストをつぶさないように食べやすくカットする。

格子に切り込みを入れる。耳までしっかり切り込みを入れる

余熱なしでオーブンで焼く

格子面にバターを塗る

ナイフでカットする

網焼きでマフィンのトースト
網焼きは、サッと表面を焼くので水分が逃げずに時間がたってもおいしい。

> 作り方

1. マフィンにナイフで切り込みを入れて上下に切る。
2. 焼き網を熱し、マフィンの断面からこんがりと焼く。
3. ひっくり返して焼く。
4. 断面にバター（もしくはオリーブオイル）を塗る。

マフィンを上下に分ける

断面から焼く

ひっくり返して焼く

断面にバターを塗る

ジャガイモとエンドウ豆のサブジー with ポーチ・ド・エッグの オープンサンド

ポーチ・ド・エッグの黄身がとろりと ソースがわりになってサブジーに絡む。

材料 [1人分]

ブール (P44〜45)
(1.5cm厚のスライス)…1枚
ジャガイモ
(皮を剥いて1cm角にして固めの塩茹で)…1個
エンドウ豆 (豆を鞘からだし、1分塩茹でする。
そのまま冷ます)…適量
塩・黒コショウ…各少々
ガラムマサラ…小さじ1
卵 (ポーチ・ド・エッグ用)…1個
オリーブオイル…小さじ2

作り方

1 フライパンにオリーブオイル (小さじ1.5) を熱し、ジャガイモとエンドウ豆を炒める。塩・黒コショウ、ガラムマサラで味つけする。

2 小鍋に湯 (分量外) を沸かし、酢少々 (分量外) を入れ、卵をそっと割り入れる。弱火で3分茹でてザルにとる。

3 焼き網を熱し、ブールの両面をこんがりと焼く。上になる面にオリーブオイル (少々) をハケでさっと塗る。塩をふり、1、2の順にのせる。

エビとアボカド、 トマトのサラダの オープンサンド

エビとアボカド、トマトの切り方と分量は 同じくらいにするのがコツ。
パンの焼き上がりにオリーブオイルを塗って から塩をふることで素材の味が生きる。

材料 [1人分]

ブール (P44〜45)
(1.5cm厚のスライス)…1枚
小エビ (塩茹でして黒コショウし、
レモン汁小さじ1かける)…7尾
アボカド (種と皮をとり、1cm角にして
レモン汁少々かける)…1/2個
トマト (1cm角。キッチンペーパーで
水けをきる)…1/2個
オリーブオイルドレッシング (P6〜7)
…小さじ2
ブロッコリースプラウト
(洗って水けをきる)…10g
オリーブオイル…小さじ1

作り方

1 エビとアボカド、トマトをボウルに入れ、オリーブオイルドレッシングで和える。

2 焼き網を熱し、ブールの両面をこんがりと焼く。上になる面にオリーブオイルをハケでさっと塗る。塩を軽くふる。

3 2に1、ブロッコリースプラウトの順にのせる。

カリカリじゃこと松の実、 水菜サラダの オープンサンド

さっぱりしたサラダと香ばしいおじゃこの 組み合わせ。ドレッシングが パンにしみたころが食べころ。

下準備

水菜サラダを作る。
水菜 (1/2束) は、3cmの長さに切る。カイワレダイコン (1/2パック)、ラディッシュスプラウト (1/2パック) は、洗って根を切り、水けをきる。白ネギ (3cm分) は、白髪ネギにする。ボウルに野菜を入れ、太白ゴマ油ドレッシング (小さじ2) で和える。
＊水菜のかわりに春菊やタマネギなどで作ってもおいしい。

材料 [1人分]

ブール (P44〜45)
(1.5cm厚のスライス)…1枚
太白ゴマ油…小さじ1
じゃこ…20g
松の実5〜6粒
オリーブオイル…少々
塩…少々
水菜サラダ…ひとつかみ

作り方

1 フライパンに太白ゴマ油を熱し、じゃこを軽く色づくまで炒める。松の実を加え、カリッとするまで炒める。

2 焼き網を熱し、ブールの両面をこんがりと焼く。上になる面にオリーブオイルをハケでさっと塗り、塩をふる。

3 水菜サラダをこんもりと盛り、1をのせる。

厚揚げジンジャーサンドイッチ

ミアズブレッドの定番である
厚揚げのショウガ焼きサンドイッチに大豆を加えて
味と食感をレベルアップ。
季節の野菜を組み合わせて作ろう。

材料 [1人分]

ブール（P44〜45）(1.5cm厚のスライス)…2枚
オリーブオイル…少々
ショウガ（皮を剝いて千切り）…1かけ
ゴマ油…小さじ2
厚揚げ（1cm角に切る）…1枚
茹で大豆…15粒くらい
本みりん…小さじ2
醬油…小さじ2
七味唐辛子…少々
タルタルソース…小さじ1
グリーンリーフレタス（洗って水けをきる）…2枚
水菜（洗って3cmくらいの長さに切る）…ひとつかみ
ラディッシュカイワレ（洗って水けをきる）…ひとつかみ

作り方

1 フライパンにゴマ油を熱し、中火でショウガを炒める。横に厚揚げを並べ、崩れないようにときどき動かしながら、少し焦げ目がつくまで焼く。茹で大豆を加えて、本みりんと醬油をまわし入れる。汁気がなくなったら、七味唐辛子を加えてひと混ぜして火を止める。

2 焼き網を熱し、ブールの両面をこんがりと焼く。内側になる面にオリーブオイルをハケでさっと塗る。

3 下になるパンの上にグリーンリーフレタスをちぎってしき、**1**をのせる。上になるパンの内側になる面に好みでタルタルソースを不均等につける。グリーンリーフレタスと水菜とラディッシュカイワレを合わせてのせて上になるパンでサンドする。

MIA'S SANDWICH

ベリーベリーブルマンブレッドの チーズトースト with キノコのスープ

休日のゆっくりモーニングにぴったりのメニューです。

ベリーベリーブルマンブレッドのチーズトースト

材料 [1人分]
ベリーベリーブルマンブレッド (P34 〜 35) (4cm厚のスライス)…1枚
ナチュラルチーズ (モッツァレラチーズ、ゴーダチーズなど)…60g

作り方
1 ベリーベリーブルマンブレッドにナイフで格子に切り込みを入れる。

2 1にチーズをたっぷりとのせ、230℃に熱したオーブンで4 〜 5分チーズが溶けるまで焼く。好みで黒コショウをふる。

キノコスープ

材料 [作りやすい分量]
エノキ茸 (半分の長さに切る)…1/2パック
オリーブオイル…小さじ2
塩・黒コショウ…各少々
万能チキンスープストック (P52 〜 53)…1カップ

作り方
1 小鍋にオリーブオイルを熱し、エノキ茸を炒めて塩・黒コショウをする。しんなりとしてきたら、万能チキンスープストックを加えて1 〜 2分煮る。塩・黒コショウで味を調える。

チーズ
+
キノコスープ
+

ベリーブルマン

MIA'S SANDWICH

トマトのせヨモギクッペ
アボカドのせトマトクッペ

野菜の色、パンの色で色合わせを楽しむ。
ヨモギにアボカド、トマトにトマトの
同色系で合わせてもいい。

トマトのせヨモギクッペ

材料 [1人分]

ヨモギとクルミのクッペ (P24～25)…1本
トマト (7mm角。キッチンペーパーで水けをきる)…1個
オリーブオイル…適量
塩・黒コショウ…各少々

作り方

1 ヨモギクッペにナイフで切り込みを入れて観音開きにする。焼き網を熱し、断面をこんがりと焼く。オイルをハケで塗る。トマトをのせて塩・黒コショウをする。

アボカドのせトマトクッペ

材料 [1人分]

トマトクッペ (P29)…1本
アボカド (種・皮をとり、7mm厚のスライス)…1/2個
オリーブオイル…適量
塩・黒コショウ…各少々

作り方

1 トマトクッペにナイフで切り込みを入れて観音開きにする。焼き網を熱し、断面をこんがりと焼く。オイルをハケで塗る。アボカドをのせて塩・黒コショウをする。

2 トマトクッペの上にアボカドを並べる。塩・黒コショウをする。

MIA'S SANDWICH　111

半熟卵とキノコソティのせトースト

お皿の上では、最後はいつも残ってしまうキノコのソティ。
それを半熟卵の黄身と絡ませて
パンで受けとめたらと思いついたトースト。

材料 [1人分]

- イギリスパン (P16〜17) (2.5cm厚のスライス)…1枚
  *パン生地はイースト生地でも良い。
- マイタケ (手でほぐす)…1/2パック
- 半熟卵 (熱湯で7分茹でる)…1個
- 塩・黒コショウ…各少々
- オリーブオイル…小さじ2
- サラダほうれん草…2〜3枚

作り方

1. フライパンにオリーブオイルを熱し、マイタケを軽く炒めて塩・黒コショウをする。フタをして中火で2〜3分焼く。フタをはずし、水分をとばす。

2. パンの片面にナイフで格子に切り込みを入れる。焼き網を熱し、パンの両面をこんがりと焼く。格子面にオリーブオイルをハケで塗り、塩をふる。

3. 2を皿にのせ、1を全体にのせる。上に半熟卵を割ってのせ、サラダほうれん草を添える。塩・黒コショウをする。

*イギリスパンの配合にグラハム粉50g程度を加え、グラハム入りのイギリスパンで作るのもおすすめ。

MIA'S SANDWICH 113

SUNNYSIDE UP

焼き加減は余熱で半熟に仕上げるのがポイント。
目玉焼きは、黄身が真ん中にくるようにフライパンを傾けたり、
お箸で寄せてきれいに焼く。

下準備
セルクルの内側にハケでオイル（分量外）を塗る。

材料 [1人分]

イングリッシュマフィン (P32〜33)…1個
オリーブオイル…小さじ1
卵…1個
ハム…1枚
塩・黒コショウ…各少々
チェダーチーズ…適宜
タルタルソース (P6〜7)…少々
ニンジン（スライサーで千切り）…30g
キャベツ（洗って千切り）…ひとつかみ
レタス（洗って水けをきる）…1枚

サニーサイドアップ
＋

マフィン

作り方

1. フライパンにオリーブオイルを熱し、ハムを入れる。その上に10cm大のセルクルをおいて中に卵を割り入れてフタをする。黄身に膜がかかったところで火を止め、半熟になるまでそのままおく。好みの焼き加減になったら、フタをとり、セルクルをはずして塩・黒コショウをしてチェダーチーズをのせる。フタをして余熱でチーズを溶かす。

2. 卵を焼いている間にマフィンにナイフで切り込みを入れて上下に手割する。焼き網を熱し、パンの両面をこんがりと焼く。オリーブオイルをハケでさっと塗る。

3. 下になるマフィンにタルタルソースを不均等につける。1をのせ、上にニンジン、キャベツ、パンの形に合わせて折りたたんだレタスの内側にタルタルソースをつけ、ひっくり返すように重ねる。上になるマフィンでサンドする。上から軽く手で押さえる。

1 セルクルの中に卵を割り入れる

フタをして3分蒸し焼きに

黄身に膜がかかる

2 セルクルをはずして上にチーズをのせる

タルタルソースを不均等に

目玉焼、ニンジン、キャベツを重ね、パンの形に折りこんだレタスの内側にタルタルソースをつける

3 内側にタルタルソースをつけたレタスをひっくり返す

薄焼き卵と
長ひじきの炒め煮のサンドイッチ

薄焼き卵に長ひじきの炒め煮。
馴染みのある料理を組み合わせて。
たっぷりの生野菜と挟むと
斬新なおいしいサンドイッチになる。

下準備

長ひじきの炒め煮を作る。
ショウガ(1かけ)の皮を剥いて千切りにする。乾燥長ひじき(40g)はたっぷりの水に15分くらい戻し、食べやすい長さに切る。油揚げ(1枚)は熱湯をかけて油抜きをし、横半分の長さの千切りに。フライパンに太白ゴマ油(大さじ1)を熱し、ショウガを炒め、長ひじき、油揚げを炒め合わせる。茹で大豆(50g)を加えてひと混ぜし、日本酒、醤油、本みりん(各大さじ1)を加える。水分がなくなってきたら、一味唐辛子(少々)と煎り白ゴマ(大さじ1)をふりかけ、ざっと混ぜて火を止める。

材料 [1人分]

ゴマのイギリスパン(P38～39)(1.5cm厚のスライス)…2枚
オリーブオイル…少々
溶き卵(塩少々を加えて溶く)…1個
太白ゴマ油…小さじ1
レタス(洗って水けをきる)…2枚
タルタルソース(P6～7)…小さじ1
長ひじきの炒め煮…60～70g
ニンジン(スライサーで千切り)…30g
ブロッコリースプラウト(洗って水けをきる)…30g

作り方

1 フライパンに太白ゴマ油を熱し、溶き卵を流し入れ、パンの形に合わせてひっくり返して四方を折りたたむように薄焼き卵を作る。

2 焼き網を熱し、パンの両面をこんがりと焼く。内側になる面にオリーブオイルをハケで塗る。

3 下になるパンにレタス1枚をのせ、タルタルソースをつける。上に**1**、長ひじきの炒め煮、ブロッコリースプラウト、ニンジン、レタス1枚の順に重ねる。下になるパンにタルタルソースをつけてサンドする。

BLTAサンド

カリカリのベーコンのうま味。甘酸っぱいトマト。
アボカドの食感とコクにパリッとレタス。どれもはずせない組み合わせ。

材料 [1人分]

イギリスパン (P16〜17) (1.5cm厚のスライス)…2枚
*パン生地はイースト生地でも良い。
オリーブオイル…少々
スライスベーコン…1枚
アボカド (種と皮をとり、5mm厚のスライス)…1/2個
ケチャップ…少々
トマト (5mm厚のスライス、キッチンペーパーで水けをきる)…1/2個
ニンジン (スライサーで千切り)…適量
タルタルソース (P6〜7)…小さじ2〜3弱 (3回分)
キャベツ (スライサーで千切り)…適量
ブロッコリースプラウト…20g
レタス (洗って水けをきる)…1枚

焼き網でパンを焼く

ベーコンを焼く

 作り方

1 焼き網を熱し、パンの両面をこんがりと焼く。内側になる面にオリーブオイルをハケで塗る。
　＊サンドにするときは、2枚のパンの大きさを合わせるとよい。

2 フライパンにオイルをひかずにベーコンを入れ、弱火でカリッと焼く。キッチンペーパーで余計な脂をとる。

3 下になるパンの内側になる面にタルタルソースを好みで不均等につける。上にアボカドを並べ、2をちぎってバランスよくのせる。ケチャップを数箇所に点々とつける。さらにトマト、ニンジンをのせ、タルタルソースを点々とつける。その上にキャベツ、ブロッコリースプラウトを順に重ねる。レタスをパンの形に合わせて折り込む。その内側にタルタルソース（小さじ1）をつけてひっくり返す。上になるパンでサンドする。しばらく上から手で押さえてなじませる。
　＊タルタルソースやケチャップを点々と少しずつにするのは、味つけのためだけでなく、パンと野菜、あるいは野菜同士をつなぐための役割。

タルタルソースをつける（1回目）

アボカドをのせる

ちぎったベーコンとトマトをのせる

ニンジンをのせ、タルタルソースを点々とつける（2回目）

キャベツ、スプラウトを重ねる

4

パンの形に折りこんだレタスの内側にタルタルソースをつける（3回目）

レタスをひっくり返す

上になるパンでサンド。上から手で押す

119

きんぴらゴボウと
ブロッコリーサラダの
サンドイッチ

ブロッコリーの厚みを生かしたサンドイッチ。
たっぷりと挟んでかぶりついて。

下準備

きんぴらゴボウを作る。
ゴボウ（1本）は、ささがきにして水に5分さらして水けをきる。フライパンにゴマ油（小さじ2）を熱し、ゴボウを炒める。少し焦げ目がついていい香りがしてきたら、本みりん、醤油（各小さじ1）をまわし入れてひと混ぜして火を止める。煎りゴマ（小さじ2）と一味唐辛子（少々）を入れ、全体をなじませてボウルにとって冷ます。

材料 [1人分]

イギリスパン（1cm厚のスライス）…2枚
オリーブオイル…少々
ブロッコリー（小房に分けて塩茹で）…1/4房
きんぴらゴボウ…ひとつかみ
タマネギ（薄くスライスして水にさらして水けをきる）…15g
太白ゴマ油ドレッシング（P6〜7）…小さじ2
塩・黒コショウ…各少々
レタス（洗って水けをきる）…1枚
サニーレタス（洗って水けをきる）…1枚

作り方

1 焼き網を熱し、パンの両面をこんがりと焼く。内側になる面にオリーブオイルをハケで塗る。

2 ボウルにブロッコリーときんぴらゴボウ、タマネギを入れ、太白ゴマ油ドレッシングで和える。

3 下になるパンの上にレタスとサニーレタスを大きめにちぎってのせ、その上に**2**、残りのレタスとサニーレタスをちぎってのせる。上になるパンでサンドする。

120　MIA'S BREAD BASIC

木綿豆腐を使ったサンドイッチは
ミアズブレッドの人気の定番。

豆腐と木の芽サラダの
マフィンサンドイッチ

木の芽の香りとカリッと焼いた木綿豆腐が味の決め手。
ほかの材料は、すべてそろわなければ
季節の野菜で作ってください。

―― 下準備 ――

木の芽サラダを作る。
スナップエンドウ（5～6本）はサッと塩茹でして冷まして斜めに千切りに。ニンジン（30g）はスライサーで千切りに。タマネギ（20g）はスライスし水にさらして水けをきる。ウド（6cm分）は皮を剥いて千切りにし水にさらして水けをきる。木の芽（10枚）は洗って水けをきる。ボウルにすべての材料を入れ、太白ゴマ油ドレッシング（P6～7）（小さじ1）で和える。

材料 [1人分]

イングリッシュマフィン（P32～33）…1個
オリーブオイル…少々
木綿豆腐（1.5cm厚の横スライス、キッチンペーパーに包んで水切りする）
…1/3丁
太白ゴマ油…小さじ2
塩・黒コショウ…各少々
木の芽（洗って水けをきる）…5～6枚
木の芽サラダ…ひとつかみ
ゴママヨネーズ（マヨネーズ1：練りゴマ3の割合で混ぜる）…小さじ1
レタス（洗って水けをきる）…1枚

作り方

1 マフィンにナイフで切り込みを入れて上下に手割する。焼き網を熱し、パンの両面をこんがりと焼く。内側になる面にオリーブオイルをハケでさっと塗る。

2 フライパンにゴマ油を熱し、木綿豆腐の両面を軽く焦げ目がつくまで焼く。塩・黒コショウをし、木の芽をはりつける。

3 下になるマフィンの上に2、木の芽サラダを順にのせる。上にゴママヨネーズをかけ、レタスをちぎってのせる。上になるマフィンでサンドする。

キノコオムレツのサンドイッチ

オムレツにキノコの香りがいっぱい。
秋に食べたくなるサンドイッチです。

下準備

キノコソティを作る。
フライパンにオリーブオイル（小さじ1）を熱し、食べやすい大きさにしたキノコ（シメジ、エリンギ、マイタケ）適量をじっくりといい香りが立ってくるまで炒める。

＊香りが立ってくるまでは、キノコは動かさないこと。

材料 [1人分]

キャロブプルマンブレッド（P37）（1cm厚のスライス）…2枚
卵液（塩少々を加える）…1個
キノコソティ…60〜70g
オリーブオイル…小さじ1

バター…少々
キュウリ（斜めにスライス）…適量
ケチャップ…少々
ニンジン（スライサーで千切り）…少々
キャベツ（洗って千切り）…適量
レタス…2枚
タルタルソース（P6〜7）…小さじ1

作り方

1 フライパンにオリーブオイルを熱し、バターを加え、半分くらい溶けたところに卵液を流し入れる。ひと混ぜして半熟状態になったら、キノコのソティを中央にのせる。パンの形に合わせて四方を折りたたむようにオムレツを作る。上下をひっくり返して取り出す。

2 下になるパンにバターを塗り、上にキュウリを並べてオムレツをのせる。ケチャップを点々とつけてニンジン、キャベツをのせる。パンの形に折りたたんだレタスの内側にタルタルソースをつけてひっくり返し、上になるパンでサンドする。

フレッシュトマトのオムレツの
トーストサンドイッチ

フレッシュトマトをマッシュルーム入りのオムレツで包んだサンドイッチ。
トマトは水けをきっておくことを忘れずに。オムレツはパンの形に合わせて四角に焼く。

材料 [1人分]

プレーンブルマン（1cm厚のスライス）…2枚
トマト
（1cmの角切りにして水けをきる）…1/2個
粉チーズ…小さじ2
マッシュルーム（3mm厚のスライス）…3個
オリーブオイル…小さじ1
塩・黒コショウ…各少々
卵液（塩・黒コショウ各少々を加える）…2個
バター…10g

バジルソース…小さじ1
オリーブオイル…小さじ1
キュウリ（斜めにスライス）…1/3本
ケチャップ…少々
タルタルソース（P6～7）…小さじ1
キャベツ（洗って千切り）…適量
レタス（洗って水けをきる）…1枚

作り方

1 トマトと粉チーズを合わせる。

2 フライパンにオリーブオイルを熱し、マッシュルームをソティして塩・黒コショウをする。

3 卵液に **2** を加えて混ぜる。

4 フライパンにオリーブオイルを熱し、バターを加えて半分くらい溶けたところに卵液を流し入れる。ひと混ぜして半熟状態になったら、**1** を中央にのせる。パンの形に合わせて四方を折りたたむようにオムレツを作る。上下をひっくり返して取り出す。

5 パンの両面をオーブンで焼く。上になるパンの内側になる面にバジルソースを塗る。下になるパンの内側になる面にオリーブオイルをハケで塗り、キュウリを並べてトマトオムレツをのせる。ケチャップを点々とつけ、キャベツ、パンの形に折りこんだレタスの内側にタルタルソースをつけてひっくり返す。上になるパンでサンドする。

MIA'S BREAD
奈良県奈良市佐紀町2406-1
TEL.0742-36-1298
http://miasbread.com/

ミアズブレッドのパン。

一生懸命にこねたら、しばらくは忘れてほったらかし。

のびのびとふくらんだら、いいタイミングで触る。
愛おしく触る。

伸ばして、丸めて、いい形に整える。
またまたほったらかし、触りたいけどほったらかし。

だけど、実はオーブンを温めて待っている。

パンに合わせて動いているようで、
実はわたしは、パンを支配している。
いや、逆かも？　パンは生き物だからね。

ほったらかしにしすぎるとおいしくできないし、
触りすぎるとなんだか重くなる。

今日もうまく焼けた。いい香りがしてきた。

いつも同じ顔のようで、全部が違う顔。

それが、あなたが焼き上げるたったひとつのパンになる。

MIA'S BREAD
森田三和

森田三和

大阪芸術大学デザイン科卒。グラフィックデザイン、テキスタイルデザイン、雑貨店等の仕事を経て高校生の頃から気まぐれに焼いていたパン作りに夢中になる。絵を描くように自分が食べたい味、友だち同士のように互いが引き立てあう素材の組み合わせ、カタチやイメージを作りつづけて1997年に「MIA'S BREAD（ミアズブレッド）」をオープン。MIAは、アメリカに短期留学していたときのアメリカンネーム。パンから広がり、サンドイッチ、スープ、カフェ＆小屋、ワークショップと、独自の世界を広げつつある。全国からファンが集まる人気店。2015年には、敷地内に工房を新設し、カフェをリニューアル。新たなスタートを切る。2008年にサンドイッチブームのきっかけとなる「ミアズブレッドのサンドイッチのつくり方（マーブルトロン刊）」、2009年に「ミアズブレッドのパンづくりとおいしい食べ方（東京地図出版刊）」、2010年に「ミアズブレッドのパンに合う「食べるスープ」のつくり方（マーブルトロン刊）」、2013年に「ミアズブレッドのパンとサンドイッチ（地球丸刊）」を出版。

Staff

企画・編集・構成・取材・スタイリング：やぎぬまともこ
装丁・ブックデザイン：岡本 健＋遠藤勇人 [okamoto tsuyoshi +]
撮影：うらべひでふみ、森田三和、やぎぬまともこ
調理補助：三口めぐみ
撮影備品協力：SLOW WORKS 安田遊

食材（スパイス＆ドライハーブ）＆取材協力：エスビー食品株式会社
http://www.sbfoods.co.jp/

2種類の生地で作る基本のパン作りとたくさんのアレンジ
毎日食べたくなる！ミアズブレッドのパンレシピ

2015年11月15日　発　行　　　　　　NDC 596
2016年 2月 5日　第 2 刷

著　者───森田三和
発行者───小川雄一
発行所───株式会社 誠文堂新光社
　　　　　〒113-0033　東京都文京区本郷 3-3-11
　　　　　［編集］電話 03-5805-7285
　　　　　［販売］電話 03-5800-5780
　　　　　http://www.seibundo-shinkosha.net/
印刷・製本──大日本印刷 株式会社

©2015,Miwa Morita.
Printed in Japan
検印省略
禁・無断転載

万一落丁・乱丁の場合はお取替えいたします。本書掲載記事の無断転用を禁じます。また、本書に掲載された記事の著作権は著者に帰属します。これらを無断で使用し、料理教室、講演会、商品化などを行うことを禁じます。

本書のコピー、スキャン、デジタル化等の無断複製は、著作権法上での例外を除き禁じられています。本書を代行業者等の第三者に依頼してスキャンやデジタル化することは、たとえ個人や家庭内での利用であっても著作権法上認められません。

R〈日本複製権センター委託出版物〉
本書の全部または一部を無断で複写複製（コピー）することは、著作権法上での例外を除き禁じられています。本書からの複写を希望される場合は、日本複製権センター（JRRC）の許諾を受けてください。
JRRC(http://www.jrrc.or.jp)　E-Mail：jrrc_info@jrrc.or.jp　電話 03-3401-2382)
ISBN978-4-416-71537-6